# CATALOGUE

# D'ESTAMPES

## ANCIENNES

ET

## DE LIVRES A FIGURES,

DU CABINET DE M. M***, ANGLAIS,

PAR DUCHESNE, AÎNÉ

*La vente aura lieu le lundi 28 janvier 1835 et jours suivans, à six heures du soir, à l'hôtel des Commissaires-Priseurs, place de la Bourse, n° 2, salle n° 3.*

Il y aura exposition le matin, de une heure à trois heures.

LE CATALOGUE SE DISTRIBUE :

Chez

M<sup>e</sup> BONNEFONS, Commissaire-Priseur, rue de Choiseul, n° 11 ;

M. LE BLANC, ancien libraire, rue des Beaux-Arts, n° 6.

## 1835.

# AVIS.

M. Le Blanc, ancien libraire, étant
chargé de mettre les Objets sur table, il
recevra volontiers les commissions qui pour-
ront lui être adressées.

# AVERTISSEMENT.

La collection d'Estampes que l'on met en vente en ce moment, a été formée par un Amateur anglais, qui a long-temps résidé en France et en Italie. Ayant un goût particulier pour les eaux-fortes, il en a rassemblé un grand nombre, et il a pris soin d'acquérir les pièces qui ne se trouvent pas dans le PEINTRE-GRAVEUR, publié par Bartsch. Il a cherché aussi et il achetait avec empressement les ouvrages à figures, devenus maintenant si rares, où se trouvent des planches gravées par des Maîtres Italiens. Enfin, il recueillait aussi soigneusement les eaux-fortes qui n'ont jamais été mises dans le commerce par leur auteur, et dont la plupart sont d'une extrême rareté.

Nous n'avons pas cru devoir faire aucune remarque relative à ces différentes natures de curiosités ; elles auraient été trop multipliées ; mais en parcourant le Catalogue, les Amateurs reconnaîtront facilement les objets qui méritent leur attention. Cependant, nous avons cru devoir réunir dans la IV<sup>e</sup> vacation, tous les livres qui peuvent également convenir aux BIBLIOPHILES et aux ICONOPHILES.

# ORDRE DES VACATIONS.

**PREMIÈRE VACATION. — *Lundi 28 janvier 1835.***

Nᵒˢ 52, 53, 56, 57, 58, 59, 60, 61, 63, 64, 65, 66, 67, 68,
69, 70, 71, 72, 74, 75, 76, 78, 79, 80, 81, 82, 83, 84, 85,
88, 89, 90, 91, 92, 96, 97, 98, 99, 100, 101, 102, 103, 104,
105, 106, 107, 108, 109, 226, 227, 228, 229, 230, 231, 232,
233, 234, 235, 236, 237, 238, 239, 240, 241, 242, 243, 244,
245, 246, 247, 248, 249, 250, 281, 282, 283, 284, 285, 286,
287, 288, 289, 290, 291, 292, 293, 294, 295, 296, 297, 298,
299, 300, 349, 350.

**DEUXIÈME VACATION. — *Mardi 29 janvier.***

Nᵒˢ 41, 42, 43, 44, 45, 46, 47, 48, 49, 50, 51, 111, 112, 113,
114, 115, 116, 117, 118, 121, 122, 123, 124, 125, 126, 127,
128, 129, 130, 131, 132, 133, 134, 138, 139, 140, 141, 142,
143, 144, 145, 146, 147, 148, 149, 150, 151, 152, 153,
154, 155, 156, 157, 158, 159, 160, 161, 162, 163, 164, 165,
166, 167, 168, 170, 195, 196, 197, 198, 199, 258, 259,
260, 261, 262, 263, 264, 265, 266, 267, 268, 269, 270, 271,
272, 273, 274, 275, 276, 277, 278, 279, 280, 351, 352.

**TROISIÈME VACATION. — *Mercredi 30 janvier.***

Nᵒˢ 10, 11, 12, 13, 14, 15, 16, 17, 18, 19, 20, 21, 22, 23, 25,
26, 27, 28, 30, 31, 32, 33, 34, 35, 36, 37, 38, 39, 171, 172,
173, 174, 175, 176, 178, 179, 180, 181, 182, 183, 184, 185,
186, 187, 188, 189, 190, 191, 192, 193, 194, 200, 201, 202,
203, 251, 252, 253, 254, 255, 256, 257, 301, 302, 303, 304,
305, 306, 307, 308, 309, 310, 311, 312, 313, 314, 315, 316,
317, 318, 319, 320, 321, 322, 323, 324, 325, 326, 253, 354,
357, 358, 359, 360.

**QUATRIÈME VACATION. — *Jeudi 31 janvier.***

Nᵒˢ 1, 2, 3, 4, 5, 6, 7, 8, 9, 24, 29, 40, 54, 55, 62, 73, 77,
86, 87, 93, 94, 95, 110, 119, 120, 135, 136, 137, 169, 177,
204, 205, 206, 207, 207 *bis*, 207 *ter*, 208, 209, 210, 211,
212, 213, 214, 215, 216, 217, 218, 219, 220, 221, 222, 223,
224, 225, 327, 328, 329, 330, 331, 332, 333, 334, 335, 336,
337, 338, 339, 340, 341, 342, 343, 344, 345, 346, 347, 348,
355, 356, 361, 362, 363, 364, 365, 366, 367, 368, 369, 370,
371, 372, 373, 374, 375, 376, 377, 378, 379, 380.

# CATALOGUE
# D'ESTAMPES.

## ÉCOLE D'ITALIE.

**ANONYMES ITALIÉNS** *du XV<sup>e</sup> siècle.*

1 Le Triomphe de la Mort ; elle est debout sur un
char traîné par quatre bœufs ; au bas sont huit vers
italiens : « *O ciechi il tanto affaticarche gioua*, etc.
> Haut. 9 p. 6 lig., larg. 6 p. 3 lig.

> Saint Jérôme à genoux, tourné vers la gauche et
tenant un caillou dans la main droite. Frise de
Tritons et de Néréides, marquée H E F Virginius,
attribué à Robetta, et une adoration des Mages,
attribuée à Robetta, etc. En tout 6 pièces.

2 Allégorie sur la Vie humaine, où se trouvent les
Parques, un enfant mort et un autre mourant,
tandis que des docteurs semblent disserter.
> Larg. 12 p. 6 lig., haut. 10 p. 9 lig.

> Bacchus avec des Faunes et une Bacchante.
> Larg. 11 p. 3 lig., haut. 9 p. 2 lig.

> Saint Jérôme à genoux, tourné à gauche. 3 pièces.

3 Saint Jérôme à genoux se frappant la poitrine avec
une pierre qu'il tient de la main droite. Pièce gravée
dans le goût de Pollajolo. *Rare.*
> Haut. 8 p. 1 lig., larg. 6 p. 3 lig.

**ROBETTA, 1460?**

4 Jeune Homme enchaîné par l'Amour, n° 25 (*). Épr.
en bistre.

**JEAN ANTOINE *de Brescia*, 1460?**

5 Mercure retirant une des âmes du Tartare. Voy.
Bartsch, t. XIII, p. 304, n° 17. *Très-rare et belle*
provenant du cabinet Durand.

**RAIMONDI (Marc-Antoine), 1488.**

6 David tuant Goliath, 10. Sainte Catherine et Sainte
Lucie, Apollon, Minerve, les Muses, etc.; suite
de Figures dans des niches, 263 à 268, 270 à 276.
Nymphe surprise par un Satyre, 325. Répétition
avec l'Escargot. Deux sujets de la Passion, d'après
Albert Durer, 603 et 606. En tout 18 pièces.

7 Mars, Vénus et l'Amour, 345, II° État. Nymphe
surprise par un Satyre, 325. La Poésie, épr. *retou-
chée* avec l'année 1542. 3 pièces.

8 Saint Paul prêchant à Athènes, 44. Alexandre faisant
serrer les livres d'Homère, 207. La Peste, 417.
3 pièces.

9 Le *Quo ego*, 352, II° État.

10 Le Jeune et le Vieux Bacchant, 294. Mars et Vénus,
345. Lá Canolette, 489. La Visitation, d'après
Albert Durer, 628. L'Enlèvement des Sabines.

Pièce *non décrite*, dont le haut pourtant est sans aucun
doute de la main de Marc-Antoine, mais toute la partie d'en
bas est terminée par un graveur mal habile.

Plusieurs Copies. En tout 11 pièces.

---

(*) Ce numéro, et ceux placés aux articles suivans, sont ceux
donnés par Bartsch dans le *Peintre-Graveur*.

11 La Passion de Jésus-Christ , d'après Albert Durer ,
385 à 620 ; manque le titre. 33 pièces.

12 La Vie de la Vierge , d'après les gravures sur bois
d'Albert Durer ; suite complète , 621 à 637.

13 Plusieurs pièces de la Vie de la Vierge , d'après
Albert Durer , 621 , 622 , 628, 629, 632 , 636.
6 pièces collées en plein ; deux manquent de conservation.

FRANCO ( JEAN-BAPTISTE ), 1498.

14 Plusieurs Sujets , 25 , 45 , 48 à 53 *avant et avec* le
nom de Franco. Les nᵒˢ 56, 57. Les nᵒˢ 58, 66 et 76 sur
la même planche *très-rare*. 61, 70, 71 *avant et avec*
le nom. 72 *avant et avec* le nom. 73 , 74 *avant et
avec* le nom. 80 *rare*. 81 *avant et avec* le nom ,
*très-rare*. 82 , 83 , 84 *avant et avec* le nom. 85 , 86
*avant et avec* le nom. 87 à 93 , fragment d'une
planche d'Étude de Têtes d'Animaux *non décrite*
par Bartsch. En tout 40 pièces.

MAZZUOLI , dit Parmesan ( FRANÇOIS ), 1503.

15 L'Annonciation , 2. L'Adoration des Bergers , 3. **Le
Christ au Tombeau** , 5. La Résurrection , 6. Saint
Jean , par le maître F. P. , 5. En tout 5 pièces.

16 Les nᵒˢ 5 et 6 , plusieurs Figures d'Apôtres et autres
Sujets , d'après Parmesan. 17 pièces.

17 Nuova raccolta di Diffegni originali di Mazzola , à
Bologna , fol. cart.
31 pl. grav. par Le Comte César Maximilien Gini
et J. B. Frulli.

AUGUSTIN VENITIEN et autres.

18 Sacrifice de Noë, 4, *belle épr.* L'Empereur et un
Guerrier , 196. Vénus et Vulcain , 349 , *avant l'adr.*

Les Grimpeurs, 423, *copie*. Portrait de Soliman, 518. Deux Fragmens d'architecture, 528 et 529. Une Bataille, par Caraglio, *belle épr*. Ænée et Anchise. Allégorie sur la Vie humaine. 10 pièces.

19 Diverses arabesques, 554. Et la Suite des 20 pièces, 564 à 583, I<sup>er</sup> État; manque le n° 575. En tout 20 pièces.

CARAGLIO ( Jacques ), 1500?

20 Figures de la Suite des Dieux et Déesses, 1526, 24 25, 26, 31, 32, 35, 36, 37, 38, 40, 41, 42, 43. Épr. du I<sup>er</sup> État.

BONASONE ( Jules ), 1510?

21 Saint-Marc, d'après Perin del Vaga, 75.

22 Clélie et ses Compagnes fuyant du camp de Porsenna, 83, I<sup>er</sup> État, *avant* l'adr. Hommes et Femmes réunis dans un bain, 177, *très-belle épr*. 2 pièces.

23 Quatre Termes, 165 et 166, et quatre des Emblêmes de Boschius, 203, 246, 247, 298, 305. En tout 8 pièces.

24 Emblêmes d'Achilles Bocchius, avec figures gravées par Jules Bonasone, 179 à 328. Bologne, 1555, in-4°, v. br., 1<sup>re</sup> éd. *Rare*.

VICO et autres ( Ænée ).

25 Divers Ornemens et Arabesques, savoir : par Vico, les n°s 454, 459, 461, 462, 464, 468, 478, 485, 486; les autres par Corneille Bos, Corneille Mattis, etc. 48 pièces.

DADO ( B.... ), 1512?

26 Le Triomphe de Cybelle, 18, II<sup>e</sup> État. Trois pièces de l'Histoire de Daphné, 20, II<sup>e</sup> État; 21, 22, I<sup>er</sup> État. Apollon faisant écorcher Marsyas, 31,

II<sup>e</sup> État. Amours jouant, 35. Ænée et Anchise, 72,
II<sup>e</sup> État. Fête à Priape, *copie*. 8 pièces.

27 Apollon et Marsyas, 31, I<sup>er</sup> État. Trois Amours
jouant avec une autruche, 33. Trois pièces de l'Histoire de Psyché, 42, 46, 54. Divers Ornemens, 81,
82, 83, 85. En tout 9 pièces.

28 Une Nymphe près d'une fontaine est surprise par un
Satyre sortant d'une touffe de feuillage ; pièce
obscène marquée B. B. et que Bartsch croit que l'on
peut attribuer à B. Dado. Voy. t. XV, p. 458. *Rare
et très-belle.*

29 Histoire de Psyché, d'après Raphaël ; épr. avant le
nom de Salamanca.

    32 pièces collées sur papier rose et contenues dans un petit
portefeuille en maroquin puce doré et gauffré par Thou-
venin.

30 Diverses pièces de l'Histoire de Psyché, 39, 40, 41,
42, 43, 53, 55, 56, 62, 65, 66, 67, 68, toutes
II<sup>e</sup> état. 13 pièces.

GHIZZI (LES), 1520?

31 La Visitation, 1, II<sup>e</sup> État. L'Amour et Psyché, 45.
Mort de Procris, 61, II<sup>e</sup> État, *avant les vers.*
3 pièces.

32 Angélique et Médor, 62. La Calomnie, 64. Hercule,
par Adam Ghizzi, 21. En tout 3 pièces.

33 Minerve et le Fleuve du Pô, par Jean-Baptiste
Ghizzi, 11 et 19. Par George ; deux des plafonds
du Primatrice, 38 et 39. Les plafonds ovals, 48
à 51. Jupiter plaçant Calisto parmi les constella-
tions, 59 Un guerrier blessé et ramené dans Troie.
Deux épr. ; dont une avant l'inscription. A. FON-
TA BLEO · BOL · etc. 14 pièces.

34 Le Charlatan, d'après Jules Romain, 44, I<sup>er</sup> État,
par Diane Ghisi, *très-belle*.

FARINATI (Paul), 1522.

35 La Madeleine, 2. Vénus et l'Amour, 4. Une grande
Bataille, par Horace Farinati, 6. 3 pièces.

## CAMAIEUX EN BOIS.

HUGO *da Carpi*, 1486?

36 La Pêche Miraculeuse, II, 13, I<sup>er</sup> État. Descente
de croix, II, 22; deux épr. Mort d'Ananie, II, 27,
trois épr. du II<sup>e</sup> État. Saint Sébastien, III 26,
Prédication de saint Pierre, IV, 25. Une Sibylle,
copie de V, 6. Diogène, VI, 10; deux épr. Saturne, VII, 27. Étude d'Homme, X, 10, II<sup>e</sup> et
III<sup>e</sup> État. 14 pièces.

BECAFUMI.

37 L'Apôtre saint Philippe, IV, 13. Étude de Vieillard, X, 12.

La première de ces pièces est *très-rare* et d'une parfaite
conservation.

FANTUZZI (Antoine), 1510?

38 Saint Jean-Baptiste, IV, 17; *prem. épr.* Martyre
de saint Pierre et saint Paul, IV, 28, I<sup>er</sup> et II<sup>e</sup> État.
La Sibylle et Auguste, V, 7; trois épr. *différentes*
et une épr. de la planche noire seule. Pallas, VII,
23. Psyché, VII, 26, I<sup>er</sup> et II<sup>e</sup> État. Les Vertus,
VIII, 7, 8 et 11. Le Philosophe, X, 1. Le Joueur
de luth, X, 3. Étude d'Homme, X, 13. Deux épr.,
dont une de la planche noire. 18 pièces.

ANDRÉANI (André), 1540?

39 L'Adoration des Mages) II, 4. La Présentation, II,

6 ; deux épr. *différentes*. Pilate, II, 19. Le Christ mort, II, 24 ; deux épr. Saintes Familles, III, 22, 25 et 27. Enlèvement d'une Sabine, VI, 1 et 2 ; le n° 1 est sans inscription. Mutius Scevola, VI, 7, sans marque ni année. Nymphes au bain, VII, 22 ; I<sup>er</sup> État. La Vertu, VIII, 9 ; trois épr. *différentes* Le Héros chrétien, VIII, 14. En tout 18 pièces.

40 Jésus-Christ mort soutenu par saint Jean ; à droite est la Vierge secourue par les trois autres Marie ; au bas à gauche, sur une tablette, on lit :

*Vincentio Gonzaqœ', et Mantuœ ferrati Duci Serenissimo, etc.*

*Ab Alexandro Casulano, Senensi lineis coloriburq 3 ductum opus donii Octavi Plenatis Canonici ab Andrea uero Andriano Mantuano uariis nouisque ligneis formis incisum, ac intimo cordis affectu dicatum.*

*Senis M. D. XCIIII.*

Cette belle composition, de grandeur naturelle, est gravée en camaïeux, avec trois planches ; elle est en huit morceaux réunis sur une seule toile, extrêmement rare et non décrite par Bartsch.

Haut. 65 p., larg. 44 p.

41 Le Triomphe de César, d'après André Mantegna, suite de 10 pièces, avec le titre qui est rare. Voyez Bartsch, t. XII, p. 101.

VICENTINI et autres.

42 Adoration des Mages, II, 2, I<sup>er</sup> et II<sup>e</sup> État, plus une épr. de la planche de tailles, seule, imprimée en rouge. La Vierge à l'Escalier, II, 12. Jésus-Christ guérissant les Lépreux, II, 15, I<sup>er</sup> État ; deux épr. *différentes*. Sainte Famille, III, 25. Hercule étouffant le Lion de Némée, VII, 17, I<sup>er</sup> État. Paysan à cheval, X, 22. En tout 9 pièces.

CORIOLANO ( Barthelemy ), 1610 ?

43 Hérodiade , II , 29. Vierges , III , 3 , 5 , 6 , 7 et 20.
Saint Jérôme , IV , 33 ; deux épr. différentes.
Sibylles , V , 2 , 3 , 4 et 5. L'Amour, VII , 2. Chute
des Géans , VII , 12, IIe État, fragment du n° 11,
et le n° 13. La Paix et l'Abondance , VIII , 10 ;
trois épr. Une Thèse , VIII , 18. En tout 23 pièces.

BOLDRINI et autres.

44 Compositions diverses d'après Titien , Scolari ,
Cambiasi, Salviati, Jean de Bologne, etc. , par
Boldrini et autres anciens graveurs sur bois.
24 pièces.

ZANETTI (Antoine-Marie), 1680.

45 Partie de l'OEuvre de cet amateur, 2, Ier État, 3,
4 , 6 , 9 , 10 , 15 , 23 , Ier État, 25 , 27 , 28 , 29 ;
deux épr. , 33 , 35 , 38 , Ier État, 41 , 42 , 47 , 56 ,
58 , 59 , 60 , 67 , 68 , 70 , addition n° 4. En tout
27 pièces.

ANONYMES.

46 Sacrifice d'Abraham , I , 3 ; trois épr. La Piscine ,
II , 14. Le Christ mort , II , 25 ; la planche noire
seule. Saintes Familles, III , 11, 12 , 17 , 24 , Ier État.
Saint Pierre et saint Paul guérissant un boiteux ,
IV , 27. Circée, VII , 7. Hercule étouffant le Lion
de Némée , VII , 18 ; deux épr. , dont une de la
planche noire. Les Vertus, VIII , 1 , 4 et 6. Raphaël
et sa Maîtresse, IX , 3 ; deux épr. Curtius , X , 19 ;
la planche noire seule. Un Sacrifice , X , 21. En tout
22 pièces.

BUSING, JACKSON et autres maîtres non décrits
par Bartsch.

47 Mort d'Absalon. Sainte Famille. Jésus-Christ gué–

rissant les Lépreux. Saint Pierre. Vénus et l'Amour.
Une Sibylle , etc. 13 pièces.

48 Diverses pièces , par Andreani et autres. 7 pièces.

## ÉCOLE DE FONTAINEBLEAU.

FANTUZZI (Antoine) et autres , 1530 ?

49 Diverses eaux-fortes par lui , 15, 24 , 26 et 35 ; trois
par Dominique Fiorentino , d'autres *non décrites*.
Une Suite d'ornemens et de panneaux. En tout 28
pièces.

THIERRY (Léonard), 1530 ?

50 Sainte Famille, 1. Jésus-Christ guérissant les lépreux , 3. Marc-Antoine offrant un sacrifice , 14.
ép. *avant et avec* l'inscription. Satyres conduisant
l'Amour, 45. Psyché puisant à la fontaine, 46.
Adonis poursuivant le sanglier, 48. Un Sacrifice, 43.
Femme assise, 58. Amour cueillant des oranges ,
70. Histoire de Calisto , en douze paysages, *non décrits*. Un autre Paysage *non déc.* Suite d'Arabesques.
Sur l'une de ces pièces, on lit : *Leonardus Théo-
doricus Inventor.* 31 pièces.

Cette inscription vient confirmer l'opinion déjà émise
par moi, que Thierry et Rodrigue étaient un seul et même
nom, ayant éprouvé des changemens, suivant qu'il a été em-
ployé dans les langues du nord ou du midi de l'Europe. Voy.
Catalogue de Denon, page 91.

ANONYMES DIVERS.

51 Adam et Eve , 3. Adoration des Mages , 15. Portement de croix, 23. Le Christ mort, 25. S. Michel
foudroyant les démons , 37. S. Jean-Baptiste, 38.
Construction des murs de Rome , 40. Cléopâtre, 41.

Plusieurs scènes de la guerre de Troie, 42, 44, 45, 46, 48, 72 et 96. Mort d'Adonis, 58. Hercule combattant, 65. Divers sujets, 81, 94, 106. En tout 20 pièces.

BAROCHE (Frédéric) et autres, 1528.

52 Saint François à genoux dans une chapelle, 4. Le Baptême de Jésus-Christ, par Ventura Salembeni, 5. La Nativité, par Castiglione, 7. En tout 3 pièces.

KARTARA (Marie), 1530?

53 Deux grandes pièces allégoriques portant la date de 1580, l'une porte pour titre : Théatrum Neptuni, et contient un grand nombre de scènes ayant rapport aux dieux des mers; l'autre représente plusieurs scènes de l'Histoire d'Apollon avec des numéros de renvoi. Celle-ci porte le nom de *Marius Cartarus*, et la première celui de *Cristophe*. L'un des angles du bas est refait à la plume. Ces deux pièces *très rares* ne sont pas décrites par Bartsch. 2 pièces.

DILICHIO (Guillaume), 1530?

54 Tournois exécuté à Cassel, en 1596, en l'honneur de la reine Elisabeth d'Angleterre, lors de la naissance de la princesse Elisabeth, fille du Landgrave Maurice. pet. in-fol. cart.

42 pl. de diverses grandeurs, gravées à l'eau-forte. Quatre ne sont pas entières; il manque le titre et la page 21 du texte. *Très rare.*

PASSARO (Bernard), 1530?

55 Vita et Miracula sanctissimi patris benedicti. —

Collecta per Th. Thriterum Rom., 1597, avec
figures de l'invention de B. Passaro. fol. vél. bl.
5o pl.

PALMA (Jacques), 1544.

56 Etudes et principes de dessin, 1, 3 à 10, 12, 13,
16, 17, 18, 20, 21, 23, II<sup>e</sup> et III<sup>e</sup>, *épr.*, 24 à
27. 22 pièces.

ROTA (Martin), 155o?

57 Portrait de Charles-Quint, 61.

GUALTEROTTI (Raphael), 155o ?

58 Descrizione del regale Apparato per le Nozze di
Christina de Loreno moglie di Ferdinando Medici da
Raf. Gualterotti Firenze, 1589. pet. in-fol. vél. bl.
66 pl.

ALBERTI (Chérubin), 1552.

59 Fuite en Egypte, 15. Saint Philippe Benizzi faisant
tomber la foudre sur des blasphémateurs, 42. Trois
figures tirées du Jugement dernier de Michel-Ange,
67, 68, 69, *épr.* avant les mots *cum privilegio.*
Quatre fragmens de Frise, dont deux *non décrits.*

TEMPESTA (Antoine), 1555.

60 La Vierge assise avec l'Enfant Jésus, et donnant des
chapelets à saint Dominique et à sainte Catherine
de Sienne. Autour sont les mystères du Rosaire au
nombre de quinze. Bartsch n'a pas connu cette
épreuve ; il décrit les sujets séparément sous les n<sup>os</sup>
276, 290 et 328. Haut. 18 p. 6 l., larg. 13 p.

61 Saint Jean Capistran debout, et autres. Quatorze sujets de sa vie, 440.

62 Uccelliera, ou Discours sur la nature et la proprié-
té des divers oiseaux, et en particulier de ceux qui

chantent, avec la manière de les prendre, les éle-
ver, etc. ; par Olina, avec fig. par Tempesta et Vil-
lamene. Rome, 1622. Quelques figures sont rempla-
cées par celle d'une édition plus ancienne ; d'autres
se trouvent doubles, in-4° cart.

**CARRACHE (Augustin), 1557.**

63 Ecce Homo, 20. Christ au tombeau, 102. Mercure
et les Grâces, 117. Mars repoussé par Minerve, 118,
IIe *épr.* L'amour réciproque, 119. Nymphes au
bain, pièce *non décrite*, épr. faible. Les deux Scènes
de Théâtre, 121, IIe épr., et 122. Portr. de Rinal-
di, 151, et de Sivel, 153. Cartouche, 271. 11
pièces.

64 Saint Jérôme, 75, IIe Etat. Orphée et Euridice,
125. Une Sainte Famille, par Louis Carrache, 4, etc.
5 p.

65 Plusieurs des portr. gr. pour l'hist. de Cremone,
par Antoine Campi, 197, 198, 199, 201, 217,
220, 221, 222, 225 à 228. En tout 27 portraits.

66 Pièces libres, 123, 124, 125, 127, 128, 129, 130,
131, 132, 133, 134, 135, et le Sondeur, 136. Cette
dernière est très-mutilée. Les nos 132 et 133, épreuves modernes. 13 pièces.

67 Divers sujets par Louis, Augustin et Annibal Carrache, ou d'après eux. 12 pièces.

**CARRACHE (Annibal), 1560.**

68 Susanne au bain, 1. Jupiter et Antiope, 17, etc.
4 p.

69 Livre de principes de dessin d'après Annibal Carrache, par Lucas Ciamberlano et Franç. Curti, *très-
rare* à trouver complet, seulement le titre et les nos

3, 7, 12, 13, 16, 17, 23, 24, 27, 28, 31, 32, 35 à 40, 42, 43, 45, 49, 50, 51, 54, 55, 58, 60, 70 à 73, 75 à 78 et 80. Voy. Bartsch, t. XVIII, p. 158. Il se trouve de plus la tête de sainte Luce. Six études de pieds, une jambe toute entière, neuf têtes d'étude et un enfant jouant avec un scorpion. 1 vol. vél. bl. 43 p.

ALFIANO (D. Epiphane d'), 1560 ? Moine du couvent de Vallombreuse.

70 Décorations théâtrales. 5 pièces.

SCARABELLI (Horace), 1560 ?

71 Décorations pour les fêtes du mariage du grand-duc Ferdinand de Médicis, en 1587. 9 pièces.

VALERIO (Jean-Louis), 1561.

72 La Vierge et l'Enfant Jésus, 1. Douze têtes d'étude, 7, etc. 3 pièces.

CIAMBERLANI (Lucas), 1570.

73 La Vie de saint Philippe de Neri. Quelques pièces sont gravées par C. Sas. 44 pièces.

74 Applarsi festiai fatti in Roma per l'elezzione di Ferdinando III, al regno de' Romani descritti da D. Luigi Manzini. Rome, 1637, in-4 cart. 10 gr. pl. gr., par Lucas Ciamberlano, *non décrites.*

SPADA (Valerius), 1570 ?

75 Bibliothèque théatine; grande composition allégorique à la gloire de l'ordre des Théatins, peinte par Antoine Juste. L'auteur a placé sur un trône la ville de Florence entourée de tous les personnages célèbres de cet ordre, et entre autres le pape Paul IV.

Cette pièce a été gravée en 1600; l'épreuve est belle, mais le papier a beaucoup souffert.

FIALETTI (Edouard), 1573.

76 Les Noces de Cana, d'après le Tintoret, 2. Frise de Tritons et Néréides, 24 à 29. Grotesques divers, d'après Giancarli, 53 à 65. 19 pièces.

77 De Gli habiti delle Religioni di Odoardo Fialetti Venetia, 1626, in-4. vél. bl. 151 pl.

LIONI (Octave), 1574.

78 Portraits de Marinus, 30. Tempesta, 38. Vouet, 39. Plus, trois têtes d'étude sur une même planche, pièce *non décrite*. 4 pièces.

RENI (Guido), 1575.

79 La Vierge, 3, 7, 9, première épreuve, 10. L'Enfant Jésus et saint Jean, 13. Saint Christophe, 14. Saint Jérôme, 15. Saint Roch, 53, et la copie, par Galanino. Trois planches des funérailles d'Augustin Carrache, 54, 55 et 56. Plusieurs pièces de l'école du Guide; d'autres *non décrites*, et plusieurs copies. 21 pièces.

FALCINI (Dominique), 1575?

80 Suite des Apôtres à mi-corps, avec ce titre : *Il sacro santo senato di Giesu christo signor nostro*, etc. *Sienne*, 1607. 16 pièces.

GALANINO, dit Aloisi (Balthazar), 1578.

81 Partie des figures de la Bible, copiées d'après celles de Lanfranc, 10, 13 à 15, 17 à 20, 24, 27 à 29, 36, 38 et 39 *avant l. l.*, 40 à 44, 47 à 50. 24 pièces *médiocres*.

LIAGNO (Philippe), *vers* 1580.

82 Suite d'Habits militaires avec un frontispice représentant Bellone assise sur des armures. Au bas est écrit : *caprici e habiti militari di Philippo Delia-*

*gno Napolitano. Novamente dati in luce da Giu-
seppe de Rossi in Roma*, 1635. 13 pièces.

Ce frontispice ne paraît pas avoir été gravé par De Liagno,
aussi n'est-il pas décrit dans Bartsch ; mais il nous apprend
que ce peintre était Napolitain et non Espagnol.

**LANFRANCO** (JEAN) , 1581.

83 Partie des Figures de la Bible, connues sous le nom
de *Loges du Vatican*, 7 , 8 , 10 à 21 , 23 , 26 et
27. 17 pièces *médiocres*.

**BADALOCCHIO** (SIXTE) , 1581.

84 Partie de la même suite , 4 à 8 , 10 à 13 , 15 à 18 ,
20 à 22. Plus, le Mariage de sainte Catherine, 26.
16 pièces.

**SCHIAMINOZZI** (RAPHAEL) , 1587.

85 Saint François, plusieurs Apôtres et des Sibylles. 11
pièces.

**CANTA GALLINA** (REMI) , 1580 ?

86 Décorations pour l'Opéra , joué à Florence en 1608 ,
pour le mariage du grand-duc Cosme de Médicis ,
13 à 19.

Scènes du combat simulé des Argonautes , pour
les noces du même prince , 20 à 38 , *manqué* le n°.
36. En tout 25 pièces.

87 Décorations et intermèdes des fêtes navales et autres,
données à Florence en 1608. 21 pièces.

**BARBIERI** (FRANÇOIS) , dit Guerchin , 1590.

88 Dix études et deux paysages attribués au Guerchin.
12 pièces.

89 Figure d'homme nu , assis à terre. GRAND DESSIN à la
pierre noire. Deux grands paysages, DESSINS à la
3 pièces.

RIBERA (Joseph), 1593.

90 Le Christ mort, 1. Saint Jérôme, 5. Saint Barthelemy, 6. Le Poète, 10. Don Juan d'Autriche à cheval,
14, 1re épr. avec l'année 1648. *rare.* tête d'étude,
*copie.* 6 pièces.

LANA (Louis), 1597.

91 Sainte Famillle, 1. Saint Joseph et l'Enfant Jésus;
la mort de Sénèque, d'après Barbieri, les deux der-
nières pièces *non décrites.* 3 picèes.

VANNI (Jean-Baptiste), 1599.

92 Peinture du dôme de la cathédrale de Parme, par
le Corrége. 15 pièces.

PARIGI (Alphonse), 1600 ?

93 Deux décorations pour l'Opéra de Flore, 9 et 11.
Décorations pour la délivrance de Roger, de l'île
d'Alcine, opéra joué en 1625. *Ces pièces ne sont pas
décrites.* 7 pièces.

94 Vignettes pour un opéra de sainte Ursule, par André Salvador, 1625, 1 à 6, et un titre gravé par
Dom. Felcini. Une autre scène de théâtre et une vue
*non décrite* par Bartsch. 9 pièces.

95 La Regina sant Orsola del sant Andreo Saluadori et
C. Fiorini, 1625, in-18. vél. bl. 9 pl. *non décrites.*

PASCALINI (Jean-Baptiste), 1600 ?

96 David; Susanne; Elisée ressuscitant un enfant;
quatre Saintes-Famille; Résurrection de Lazare; les
Quatre Evangélistes; saint Pierre; saint Jérôme;
saint Sébastien; saint Ambroise; la Mort d'Adonis;
etc. 26 pièces.

GATTI (Olivier), 1600?

97 Livre de principes de dessin, d'après J. Fr. Barbieri, Rome; 1619. 118 à 139, plus un paysage, 63,
et trois épreuves différentes du frontispice. En tout
25 pièces.

CAPITELLI (Bernard), 1600?

98 Suite de Bas-reliefs antiques. 7 pièces *non décrites*.

GINI (Clément-Paul), 1600 ?

99 Suite de Paysages octogones, avec un frontispice
contenant une dédicace au cardinal Antoine Barberin, 1625. 12 pièces.

BELLAVIA ( Marc-Antoine), 1600 ?

100 Diverses Eaux-fortes de ce maître, 1, 2, 3, 4, 5,
7, 9, 13, 14, 15, 17, 25, 27, 29, 34, 35, 39,
40, 44, 46, 47, 49, 57. Plus quatre Saintes Familles
*non décrites*. La plupart de ces épreuves sont *avant*
les numéros et même quelques-unes *avant* la marque A. C. IN. 30 pièces.

COZZA (François), 1605.

101 Cimon et sa Fille, 4. Les Fabricans d'armures, 5.
Un Paysage dans lequel des voleurs arrêtent un ca-
valier dans un bois, *non décrit*. 3 pièces.

GRIMALDI (Jean-François) et autres, 1606.

102 Divers grands Paysages, par Fr. Grimaldi, Paul
Anesi et Mirozzi, *dessins* à la plume et au pinceau. 3 pièces.

PO (Pierre del), 1610.

103 Fuite en Égypte, 6, St. Jean-Baptiste, 16. Saint
Jérôme, 17. Achille, 30. Les Pendentifs du temple
de la Paix, d'après Dominiquin, 24 à 27, et la
Naissance de saint Jean-Baptiste, par Thérèse del
Po. 9 pièces.

CURTI (François), 1610?

104 La Vierge montrant à lire à l'enfant Jésus, d'après Barbieri. Saint Antoine de Padoue ; l'Amour endormi, d'après Guido Reni. Suite des Arts et Métiers de Bologne, d'après Tamburini. Plusieurs compositions allégoriques et des scènes familières. 34 pièces, plus 4 pièces par Bernardin Curti.

105 Scelta di Disegni del Caracci, Parmegiani et di Guido Reni intagliati da Fr. Curti. Bologna, in-fol. cart. 30 pl. et 4 doubles.

LA BELLE (Étienne de), 1610.

106 Départ de Jacob, 108. Saintes Familles, 149, 151, 152, 156, épr. *avant* le nom ; 158, 160, 213, 214. Saint Jean, 161, 162, 163. Bataille des Amalécites, 226. 13 pièces.

107 Festin dans la salle du Grand-Duc, 4. Entrée de l'ambassadeur de Pologne, 28. Catafalque de Ferdinand II à Florence, 53. Ier État *avant* le nom et l'adresse. Une des Figures de la tragédie de Mirame, 74 *partie*. Saint Prosper, 68, ép. avant les armes, *très-rare*. Plusieurs autres pièces de décorations théâtrales, plans et vues de siéges. 22 pièces.

108 Le Reposoir, 83, *belle épr.* Carte méthodique du blason, 97, *belle*. Vue du Pont-Neuf, 112, IIᵉ épr. Carte du royaume des Cieux, gr. par Nic. Cochin, IIᵉ épr., et une Vue de Florence, gr. par Ant.-Franç. Lucini, en 1634. 5 pièces.

109 Exercices militaires, 86. Manquent les nᵒˢ 2, 6, 17. Seulement 16 pièces.

110 Suite d'Études militaires, 76. Manque le titre. Il se trouve de plus 5 pièces non décrites dans Joubert.

Très-belles épr. d'une parfaite conservation, avec grande marge. 18 pièces.

111 Dessins de quelques Conduites de troupes; suite de douze pièces, *très-belles épr.* avant la dédicace sur le n° 2. Paysages maritimes; suite de six pièces, 93. Divers embarquemens, suite de 6 pièces, 94. Plusieurs autres marines. 37 pièces.

112 Sènes familières, Études diverses, *très-rares.* 192, 193, 195, 196, 197, 198, 199, 205, 207, 208, 209, 210, 211, 215, 217, 218 et 219. 17 pièces,

113 Scènes grotesques de Nains, gr. dans le goût de Callot, 23, *très-rares.* 4 pièces.

114 Griffonnement, 121. I$^{er}$ État avant les n$^{os}$; suite de Cartouches, 133. Livre de Croquis, 145. Il manque quelques pièces. On y trouve les deux têtes de soldats effrayés; 26$^e$ de cette suite. Têtes persanes, 172; manque 2 pièces. En tout 87 pièces.

115 Titres de livres, 24, 36, 43, 49, 106. Un autre aussi in-4°, portant : *Instruzione à cancellieri di communi, et universita del domino fiorentino,* etc. pièce très-rare inconnue à Joubert. Les deux Rebus en écran, 70. Portrait de Marguerite Coste, 72, *très-belle épr.* Le petit Reposoir, 83. Partie du Jeu de Fables et de Géographie, 116 et 117. Grotesques, 179. La grande Mort à cheval, 227, etc. 68 pièces.

116 Le Château Saint-Ange, 35. Six vues de la Villa Pratolino. Six Vues de Livourne, 184. Quatre Paysages, 186. Six vues de Rome, 189. Les n$^{os}$ 3 et 3 de cette dernière suite sont *avant la lettre.* 24 pièces.

117 Les Aigles, 176. Les Chasses, 180. 14 pièces.

118 Diverses Marines, 31. Divers paysages, 88. *Manque*
le n° 8 de cette suite. Diverses Figures et Paysages,
142, les n^os 1, 2, 3, 4, 5 et 8. Plusieurs Vues,
Paysages ou Marines. 54 pièces.

119 Le Pazzie de' Savi, overo il Lambertaccio poema
tragicoeroicomico di B. Bocchini. Venetia, 1641,
in-18. vél. bl. 13 vignettes.

   Joubert n'a pas donné le titre de cet ouvrage, mais les
vignettes se trouvent sous le numéro 12.

120 Descrizione della Regia villa, Fontane, et Fabbriche
di Pratolino. In Firenze MDCCXLII, fol. cart.
avec figures, par La Belle. 12 pl.

121 Deux Chasses entourées de bas-reliefs, probable-
ment des couvercles de coffrets, *dessins* à la plume
sur vélin.

   SIRANI (Jean-André), 1610.

122 Lucrèce, 1, II^e épr.

   SIRANI (Élisabeth), 1638.
   Repos en Égypte, 4 et 5. La Sainte Famille, 8,
II^e épr. Saint Eustache, copie du n° 10. Une petite
Danse d'Enfant, *non décrite*, par Bartsch. 6 pièces.

   GERARDINI, 1610?

123 Capricci di varie figure di Melchiori Gerardini, etc.
in-18 vél. bl., *belles épr.* Seulement les n^os 1 à 6,
8, 9, 13, 15, 17, 22, 27, 28, 29, 31, 32, 39 à
42, 44 à 50. En tout 28 pièces.

   CARPIONI (Jules), 1611.

124 Sainte Famille, 8, I^re et II^e épr. La Madeleine, 10,
I^re épr. Les Quatre Élémens, 15 à 18. Jeux d'Enfans, 19. 8 pièces.

GIMINIANI (Hyacinthe), 1611.

125 Sainte Famille, 1. Enlèvement des Sabines, 20.
*Épreuve* en rouge sur pap. bleu. Marc-Antoine et
Cléopâtre, 23. La Prise de Tournay, 26.

CANTARINI (Simon), dit le Pesarese, 1612.

126 Adam et Eve, 1. Saintes Familles, 2, II$^e$ ép. 5 orig.
et cop. 7, 10, 12, 15, 17, orig. et cop. 19. Jésus-
Christ portant sa Croix, 20. La Vierge couronnée,
21, deux épr. Saint Antoine de Padoue, 25 et 26.
Enlèvement d'Europe, 30, II$^e$ épr. Mercure et Ar-
gus, 31. La Fortune, 34, I$^{re}$ épr. 19 pièces.

LOLI (Laurent), 1612?

127 Saintes Familles, 5 et 6. Saint Jérôme, 13 et 14.
Andromède, 17. Suite des Amours, 19, 22, 23,
24, 26 et 27. La Fortune, 30. La Renommée, 31.
13 pièces.

ONUFRIO (Crescent de), 1613.

128 Plusieurs Paysages, 8, 10, 11 et 12. Le n° 8 est
avant l'adresse de Rubeis et l'année 1696. 4 pièces.

ROSA (Salvator), 1615.

129 Platon, 3. Diogène, 5 et 6. OEdipe, 8, *en mauvais
état.* Régulus, 9. Polycrate, 10. Combats des Tritons, 11, 12, 13 et 16. Combat des Géans, 21. Le
Génie du Peintre, 24. 12 pièces.

CASTIGLIONE (Benedette), 1616.

130 Tobie faisant enterrer les morts, 5. La Résurrection de Lazare, 6. Autre Résurrection de Lazare,
par Salvator Castiglione. 3 pièces.

GALESTRUZZI (Jean-Baptiste), 1618.

131 Sujets de l'Histoire romaine, frise peinte par Poly-

dore Caldara, 3 à 8. Une Bacchanale, 13. Fragment de la Frise de Niobé, 20. Suite de Trophées, 41 à 46. Autres Trophées, 47 à 51; *manque* le numéro 51. Allégorie à la gloire du cardinal Mazarin, 58; épr. *avant* la lettre. 20 pièces.

CECCHI (François), 1620?

132 Obsèques de Louis XIII, à Florence, 1644. in-4°. 4 pl.

PASINELLI (Laurent), 1629.

133 Prédication de saint Jean. Martyre de sainte Ursule et de ses compagnes; trois épr. différentes. 4 pièces.

ALLIUS (N.), 1630?

134 Décorations pour l'Hipermestre, fête théâtrale célébrée à Florence, en 1658, pour la naissance du prince royale d'Espagne. 5 pièces.

SPADA (Valério), 1630?

Gori, dans son dictionnaire, dit que cet auteur est très-estimé pour inventer et former toutes sortes de caractères.

135 Recueil de divers livres d'écritures variées avec différentes compositions et ornemens arabesques et autres, dessinés à la plume par Valério Spada, maître d'écritures du prince de Toscane, en 1672. Suite de 70 pièces. Celles numérotées 33, 34 et 35, sont écrites dans des cartouches gravés sur bois et portant la marque V. S.

L'auteur, en donnant les alphabets grecs, hébreux, syriaques, chaldéens, etc., a eu soin d'y joindre même l'*alphabet du diable*. Il a donné aussi plusieurs alphabets grotesques, composés avec des squelettes, des figures d'hommes, de quadrupèdes, d'oiseaux et de poissons.

136 Alphabet en deux planches, gravées à l'eau-forte;

sur la première, en bas à gauche, est le nom de
Spada.

Suite de 22 Figures, ayant toutes dans leur composition un espace vide pour placer une lettre de
l'alphabet. Sur quelques-unes, on trouve le nom de
Spada, sur d'autres les marques V. S. et V. Spa.

Autres suites de Figures entourées d'une bordure
carrée en feuillage, avec un cartouche vide pour
placer une lettre. 7 pièces, dont une dessinée à la
plume. Le chiffre ou le nom, se trouvent sur deux
de ces pièces.

Autre suite dans une bordure ronde. 2 pièces,
dont une dessinée à la plume.

Quatre autres Figures dessinées à la plume.

En tout 37 pièces.

137 Lettres gothiques, surchargées de figures et d'ornemens grotesques, de 4 pouces environ. Dans le
nombre, il s'en trouve quatre gravées. En tout 21
pièces.

GIORDANO (Luc), 1632.

138 Sacrifice d'Élie, 1, *avant l'adresse*. Jésus-Christ à
douze ans dans le Temple, 3, *avant* et *avec* l'a-
dresse. Le Christ mort, 4. La Femme adultère,
5, *avant* et *avec* l'adresse. Sainte Anne reçue au
Ciel, 6. Sainte Anne et la Vierge, gravé par J. Vé-
rinus, 1624. 8 pièces.

139 Sylène ivre renversé de son âne et secouru par divers enfans. Dessin à la sépia.

MITELLI (Joseph-Marie), 1634.

L'œuvre de ce maître, fort nombreux, et que l'on ren-
contre rarement en France.

140 Caïn et Abel, 1. Abraham, 2. Goliath, 3. La Na-

tivité, 4 ; deux épr. différentes. Adoration des Bergers, d'après Primatice, *non décrite*. Fuite en Égypte, 6. Baptême de Jésus-Christ, 7. Vocation de saint Mathieu, 9. Repas chez Simon, 10 et 11. Portement de Croix, 13. Crucifiement, 14. Jésus-Christ mort, 15. Résurrection, 16. Assomption de la Vierge, 17 et 18. Saints et Saintes, 20, 23, 24, 25, 26 et 27. Deux planches différentes, 28, I<sup>re</sup> épr., 31 et 32. Deux épr. différentes, 33. Portrait d'Augustin Mitelli, 34. Enlèvement d'Europe, 35. Lazare à la porte du mauvais Riche, 36. Trois des Péchés capitaux, 45. Voyage d'Énée, 47 à 58. Plusieurs épr. avant la lettre, quelques-unes doubles. Collation donnée par le Gonfalonier, 162. Six pièces. Dix autres *non décrites*, représentant l'entrée du Gonfalonier. 60 pièces.

141 Proverbi figurati, etc., par Joseph Mitelli. Bologne, 1678, 67 à 116. On y a joint deux autres suites de Proverbes de six pl. chacune, et non décrites par Bartsch. En tout 61 pièces.

142 Le Venti quattr' hore dell' Humana Felicita, par J. Mitelli, fol., *non décrit.* 26 pièces.

143 Livres d'Arabesques et de Cartouches, gravés par Mitelli. Bologne, 1636, fol. vél. bl. 21 pièces.

144 Relatione della festa populare fatta in Bologna, anno 1667, in-4° en feuille, avec une gr. pl. gravée par Mitelli.

145 Maria Vergine coronata. Descrizione e Dichiarazione della divota solennita fatta in Reggio, il 13 maggio 1674, par l'abbé Jacques Certani. Reggio 1775, fol. cart., avec figures gravées par Mitelli, *non décrit.* 17 pièces.

146 Le Stelle combattute dagli elementi. Tournois
    donné à Ferrare. Les figures gravées par J. M. Mi-
    telli, 1676. On y a joint sept pl. de Perspectives,
    par le même. En tout 13 pl.

147 Alfabet in sogno esemplare peu disegnare, par Jo-
    seph Mitelli, 1683, *non décrit.* 25 pl. in-fol.

148 Plusieurs suites de Caritures NON DÉCRITES.

    L'Épouvantail. La Mort conduisant tout le monde
    dans la nasse. L'un tire l'autre. Le Jeu, les
    Femmes, les Procès, les Chiens, mettent tout en
    ruine. Les Cinq Sens. Pélerinage de tout le monde.
    Procession de la sainte Bande à Bologne, 1701. Les
    États de Bologne, 1703. Le Jeu des Nés, etc. 20
    pièces. Détails d'Architecture. En tout 61 pièces.

149 L'arti per via. Cris de Bologne, gravés par Curti,
    d'après Mitelli, fol. 40 pièces.

150 Disegni et Abbozzi di Agostino Mitelli intagliati
    dal figliuolo di lui Gioseppe Maria. Mitelli, pet.
    in-fol. cart. 24 pl.

BARTOLI ( PIETRE SANTO ), 1635.

151 Collation donnée à Rome, en 1668, par la prin-
    cesse Farnese, avec des pl. gravées par Bartoli et
    Th. del Po. 5 pl.

JUVANIS ( FRANÇOIS ), 1635?

152 Saturne et des Amours, 2. Copie de la Nativité, 1.
    2 pièces.

STRINGA ( FRANÇOIS ), 1638.

153 Fête de la Vertu, célébrée pour la naissance du
    prince de Modène, en 1660 ; Planches de diverses
    dimensions, *non décrites* par Bartsch. 26 pièces.

LIBERI ( Pierre ), 1640?

154 Grand Combat populaire, dit le Pugila, sur le pont
    Rialto, à Venise, 1676. Grande composition en
    trois morceaux.

BISCAINO ( Barthelemy ). 1657.

155 Moïse sur le Nil, 2 ; trois épreuves avec différences.
    La Nativité, 5. Autre Nativité, 22 ; épr. avec l'a-
    dresse de Remondini. 5 pièces.

DIAMANTINI ( Joseph ), 1660 ?

156 La Nativité, 2. Saintes Familles, 3 et 5. Le Christ
    mort, 6. Venise, 9 et 10. L'Olympe, 11. Nymphe,
    15 et 16. Vénus et Adonis, 17 ; deux épr. *diffé-
    rentes*. Lucifer, 18. Hercule, 19. Vénus, 21. Deux
    Femmes sur les nuées, 22. La Nuit, 24. Mercure
    et Flore, 25. Saturne, 26. Bacchus et Cérès, 27.
    Vénus, 28. Mercure enlevant une femme, 29.
    Saturne, 30. Borée, 33. Didon, 34. *Cinq Muses*,
    39. 25 pièces.

*Pièces non décrites.*

157 La Visitation. Saint Antoine de Padoue. Quatre
    Femmes nues. La Gloire. Vénus et Adonis. Psyché
    et Mercure. Pholyphême et Galathée. Allégorie à
    la Gloire d'un Prince, et deux autres Pièces.
    13 pièces.

MANINI ( Jacques-Antoine ), 1661.

158 Diverses petites Compositions architecturales,
    Fontaines, etc. 20 pièces.

MATTIOLI ( Louis ), 1662.

159 Fuite en Égypte, 2. Adoration des Bergers, 3.
    Présentation au Temple, 4. Ecce Homo, d'après
    Van Dyck, 5. Résurrection de Jésus-Christ, 8.

La Samaritaine, 10. Saintes Familles, 13, 16,
17, 18 rogné, 19 rogné. Saints, 22, 1re épr., 23,
26, 27, 30, 32, 33, 34, 35, 39, 40, 41, 43.
Paysages, 47, 48, 72, 73, 77, 91, et trois autres
paysages de la même grandeur, *non décrits*. Portrait de Catherine Bassi, 92. Figure d'un Aloës, 96.
36 pièces.

160 Suite de quatorze Paysages en largeur, d'après
Barbieri. Six Paysages en largeur, de son invention.
Six autres en largeur, plus petits. Quatre autres
Paysages en largeur, plus petits. Quatre paysages en
hauteur, *rognés*. Six autres Paysages en largeur,
très-petits. Quatre Paysages en rond, sans nom.
Onze petits Paysages en rond, sans nom. Quatre
autres Paysages de diverses dimensions. En tout
59 pièces.

161 Vignettes pour les Fastes de Louis XIV. Suite de
douze pièces citées par Gori, et que n'a pas vu
Bartsch. Voy. t. XIX, p. 389.

162 Suite de Figures pour le poëme de Bertoldo, Bertoldino et Caccasenno. Bologne, 1736, 103 à 122,
avec le Frontispice, 123. 21 pièces.

### Pièces non décrites.

163 Portrait de Mattioli, petit oval. Éliézer et Rebecca,
1724. La Circoncision. L'Adoration des Mages. Le
Christ en Croix. Nativité de la Vierge, et sept autres
Sujets de la Vierge. Dix-sept Saints. Cinq Saintes.
Onze Sujets divers. Portraits d'un Pape endormi;
du marquis de Guast, d'après Titien, de Jean Sobieski et de César Tanarius. Seize Cartouches. En
tout 62 pièces.

164 Livre de Principes de Dessin, gravés par Louis Mattioli. Bologne, 1728; le frontispice est double. 25 pièces.

FERRARI (Vincent), 1665?

165 Décorations pour l'Opéra de Pyrrhus et Demetrius, représenté à Sienne, en 1695. 5 pièces.

CRESPI (Joseph-Marie), 1665.

166 Une Femme engageant un Montreur de marmotte à entrer chez elle, 19. Portrait de Jules César Aloys Canali, par Antoine Crespi. Pascal Baylon, petite Pièce gravée par Ferdinand Crespi, et dédiée par lui à J. Borelli. Voy. Bartsch, t. XIX, p. 401. 3 pièces.

GIOVANNINI (Jacques-Marie), 1667.

167 Peintures du dôme de Saint-Jean des Bénédictins, à Parmes, d'après Corrège, 8 à 19. 12 pièces.

BONAVERI (Dominique-Marie), 1680?

168 Coupole de la Cathédrale de Parmes, d'après Antoine Allegri; suite de 15 pièces; *manquent* les n^os 4, 7, 11, 14 et 15.

169 Il Favore de gli dei Drama fantastico musicale. Parma, 1690, in-4° cart. 32 gr. pl. gravées par Ant. Lorenzini, D. Bonavera.

FERRONI (Jérôme), 1687.

179 Israélites chantant les louanges de Dieu, 1; deux épr. *différentes*. La Vierge et saint Charles Borromée, 6. Saint Charles Borromée à genoux, d'après Annibal Carrache; pièce donnée par Heinécken, et que Bartsch cite comme n'existant pas. 4 pièces.

PITTONI ( Jean-Baptiste ) et autres, 1690.

171 Le Jugement de Salomon. La Mort d'Ugolin et de
ses Enfans. 4 pièces dessinées au lavis.

VIEIRA (François), 1690?

172 Composition allégorique sur la Mort de son frère ;
grand médaillon rond.

CANAL ( Antoine ), 1697.

173 Deux Vues de Venise. La Bibliothèque et la Prison;
plus un Paysage par Bernard Belloti, son neveu,
dit Canoletto. 3 pièces.

ANESI ( Paul ), 1700?

174 Suite de huit Paysages en largeur, avec le titre
*Varie vedate*, etc., 1725. 9 pièces.

PITTERI ( Marc ), *né en* 1703.

175 Dieu le Père, Jésus-Christ, la Vierge et les Apôtres en bustes. Suite de 16 pièces.

ZUCCARELLI (François), 1704.

176 Les Vierges Sages. La Gloire militaire. Deux Portraits, Laur, Lippi. 4 pièces.

NINI ( Jean ), *d'Urbin*, 1717?

177 Alphabet complet en lettres romaines majuscules,
ornées de paysages dans les fonds; plusieurs portent
le nom de l'auteur, d'autres J. N. V., 1747 et
1748. 23 pièces, l'alphabet n'ayant pas les lettres
K. U.

LONDONIO (François), 1723.

178 Suite de Troupeaux et Bergers, publiée à Naples en
1764, et dédiée à milord Exeter ; 1 à 12.

TIEPOLO ( Jean-Dominique ), 1726.

179 Baptême de Constantin. Prédication et autres

Compositions Saintes. Suite de 27 pièces intitulées
Idées pittoresques sur la Fuite en Égypte, 1755. En
tout 32 pièces.

BARTOLOZZI (François), 1730.

180 Plusieurs Saintes Familles. La Cène. Jésus-Christ au
jardin des Olives. Saint Jean. Saint Antoine de
Padoue. L'Annonciation. La Pentecôte et l'Assomption, d'après Piazzetta ; toutes ces pièces publiées
à Venise. Quelques Études, d'après Barbieri. En
tout 22 pièces.

181 Frontispices, Vignettes, Fleurons et Billets de bals
ou de concerts. 46 pièces.

182 Panneaux avec des Paysages ornés de scènes ga-
lantes. Les Douze Mois, d'après Zocchi, en largeur.
Paysages en hauteur, d'après Zuccarelli. Vingt
Vignettes en hauteur pour une édition in-fol. de la
Jérusalem Délivrée ; plusieurs épr. avec des change-
mens ; toutes pièces publiées à Venise. 63 pièces.

183 Portraits de Barbieri, P. Acotanto, Landini, Math.
Pinelli, Henry Wanton, Mart. Van Juchen, Barbieri, Cipriani, etc. 9 pièces.

184 Ode à l'impératrice Marie-Thérèse, par Corilla
Olimpica. Venise, 1765, in-4°, avec le portrait de
l'auteur, gravé par Bartolozzi.

CIPRIANI (Jean-Baptiste), 1732.

185 Cléopâtre, d'après une cire de B. Cellini, puis un
Portrait de Galilei, par Galgano Cipriani. 2 pièces.

PORPORATI (N.), 1740.

*186 Suzanne au Bain, d'après Santerre ; épr. *avant la
lettre.*

NOVELLI ( PIERRE-ANTOINE ).

187 Charles-Quint ramassant le pinceau du Titien en présence de toute sa cour. DESSIN à l'encre de Chine sur papier de couleur rehaussé de blanc.

188 Études prises dans le Jugement Dernier, et les autres peintures de la chapelle Sixtine, par Michel-Ange, et deux Figures académiques. DESSINS aux crayons noir et blanc sur papier gris. 10 pièces.

NOVELLI (FRANÇOIS), 1760.

189 Composition, Vignettes, Portraits, Études, d'après différens maîtres, dont quelques-unes d'après Pierre-Antoine Novelli son père, et onze d'après Rembrandt. En tout 69 pièces.

CUMANO, 1760 ?

190 La Résurrection de Lazare. Saint Jérôme. Le Moulin de Rembrandt. Le Paysage aux trois arbres. Celui aux trois Chaumières, et autres, d'après Rembrandt. 11 pièces.

SABATELLI (AL.), 1770.

191 La Peste de Florence, décrite par Bocace, et quatre autres Sujets historiques tirés du Dante, de Plutarque et Tite-Live, 1794. 5 pièces.

BASOLI (ANTOINE), 1780 ?

192 Plusieurs Paysages gravés au trait pour servir à ceux qui veulent étudier l'aquarelle, avec deux titres, l'un de 1810 et l'autre de 1821. 12 pièces y compris les titres et une double; *suite incomplète.*

SIMONINI (...).

193 Marche militaire devant une ville fortifiée. Grand DESSIN à la sépia.

BIMBACCI (Antoine).

194 Diverses Figures académiques, *Dessins* à la san-
    guine.

## EAUX-FORTES,

*Par divers maîtres Italiens décrits dans le*
PEINTRE-GRAVEUR.

195 Horace de Santis, 9. Jérôme Scarcella, 4. Bona-
    venture Salembini, 1, 2 et 4; plus le Baptême de
    Jésus Christ; grande Pièce gravée en 1589 *et non
    décrite*. Vespasien Strada, 3, et Pierre-François
    Alberti, 1. En tout 10 pièces.

196 Barthelemi Passarotti, 2. Camille Procaccini, 1. Balt.
    Louis Galanino, 51. Lanfranc, 31. Louis Lana,
    4 et 5. En tout 6 pièces.

197 Olivier Gatti, 63. Grimaldi, 12 et 50. Laurent
    Loli, 16. J.-B. Bolognini, 2 et 3. Louis Scaramuc-
    cia, Flaminio Torri, 3. Dom-Mar Canuti, 2.
    A. Badiale, 1. Triva, 1. Scarsello, 2. Louis Mat-
    tioli, 3 et 4. Dom Viani, 1. Fr.-Ant. Meloni, 7 et 8.
    Joseph del Sole, 3. En tout 25 pièces.

198 Lucas Ciamberlani, Canta Gallina, Bazzicalva, 5 et 7.
    Cremonèse, 7. Carpioni, 12. Giminiani, 20, Pié-
    tre-Testa, 23. Gaspard Poussin, 8. Pierre del Po,
    16, I<sup>er</sup> état, 31. Portrait de D. André-Joseph de
    Giptio, par Thérèse del Po ; *non décrit*, 12 pièces.

199 Jean Thysidio Guidi, une Allocution, pièce *non
    décrite*. Galestruzzi, 1. Carle-Maratti, 1, *avant* et
    *avec* le nom, 4 et 6. François Giovani ; Adoration
    des Bergers, pièce ovale *non décrite*. Dominique
    Peruzzini, 3 et 7. Dom. Piola, 2 et 5. Math.
    Piccioni, 1 et 2. Alex. Varotari, portrait en

oval , pièce *non décrite.* Lucas Giordano, 2. Bis-
caïno, 35. Amata , 1. San-Martino , 5 et 30. Nasi-
ni , 1. Ant. de Petri , Saint-Bernard , pièce *non décrite*, Ant. Balestra , 1 , 2 et 4. Marc-Ricei, 4 et 6.
Daniel Crespi ' 7. Ferroni. En tout 28 pièces.

### *Par des Maîtres modernes.*

200 Aquila, Jacques Margottini, Marc Corresio, Badessa,
D. Creti, Louis-François Corduba , Pierre Rotari,
S. Fantiguzzi, G. Viaggi, François Vaccari, Dom.
Pasignani, Bart. Gazali , Dom. Bonavera, Franç.
Fontebasso , Londonio, Pirolini , Paul Pilaia,
François Tebaldi, Etienne Maggiore, Dom. Mar.
Muratori, et autres artistes italiens dont Bartsch
n'a rien cité dans le *Peintre-Graveur.* 64 pièces.
201 Études et Paysages par Gabiani, 1741. Novelli ,
Galvagni, 1789, S. Daretti, le G. Algarotti, 1763,
Félix Gianni, G. Vitalba, Madrazzo, le C. Cor-
niani, Jean-David Weber, 1824, etc. 46 pièces.
202 Par Vincent Victoria , P.-P. Vieira, François
Quintella, Goya, et autres artistes espagnols ou
portugais. 11 pièces.
203 Par divers artistes italiens. *Cet article sera divisé.*


## ÉCOLE ALLEMANDE.


**ANONYMES.**
204 Combat en champ clos entre plusieurs champions ,
et un traître jeté pieds et poings liés par dessus les

murailles d'une ville ; deux pièces cintrées , d'un
travail qui paraît être de la fin du xv° siècle.
  Haut. 7 p. 6 lig. , larg. 6 p. 2 lig.

205 Le Christ et les deux Larrons en croix, pièce dans
le goût de Hopfer, avec les lettres B. R. Saint Jérôme assis , dans le goût du maître à l'Écrevisse.
L'Histoire des trois Frères, par le maître aux deux C.
de Leyde , 11. La pièce douteuse de Mair. 4 pièces.
DURER ( ALBERT ), 1471.

206 Adam et Ève, 1. *Orig.* et *Copie* épr. très-faible. De
la Passion, 7, 11 et 12. Deux Anges tenant un
Suaire, 25. Un Ange tenant un Suaire, 26, *à l'eau-
forte sur cuivre* et non sur étain comme le dit
Bartsch. L'Enfant prodigue, 28, *belle*, mais *rognée*.
Sainte Anne et la Vierge , 29 , *belle* et *rare*. Sain-
tes Familles , 38 , 40, 42 *orig.* et *copie* 44. Saint
Georges, 54, *faible* et *rognée*. Saint Jérôme, 61.
En totut 16 pièces.

207 Saint Hubert , 57 , *épr. faible*. Saint Jérôme, 61.
2 pièce.

207 *bis* L'Effet de la Jalousie, 73. Les quatre Femmes
nues , 75. 2 pièces.

207 *ter* Figures de l'Apocalypse, gravées sur bois, 61,
64, 73 et 74. Tête de Vieillard gravée sur cuivre,
par Sadeler. 5 pièces.

208 La Grande Fortune , 77.

209 La Mélancolie, 74, et le comte de Seckingen à
cheval , dit le *Chevalier de la mort* , 98. 2 pièces.

210 Trois Génies , 66 , *rognée*. Études de cinq Figures,
70, *à l'eau-forte* sur cuivre. Enlèvement d'Amy-
mone , 71 , *orig.* et *copie*, avec le nom de Mariette
et l'année 1667. Les Quatre Femmes dites les Sor-

cières , 75. La Petite Fortune', 78 , *rognée*. La
Dame à cheval, 82. Figures diverses, 83 , 86 , 89 et
90. Les Offres d'Amour , 93 , *rognée*. Le Petit et le
Grand Cheval, 96 et 97 , *faibles*. Les Armoiries ,
100 et 101. Portrait de Melanchton , 103. Erasme ,
107. En tout 17 pièces.

211 Diverses Pièces sur cuivre et sur bois , d'après ce
maître. 23 pièces.

GRUN (JEAN-BAUDOIN) et autres , 1476.

212 Compositions diverses, d'après Lucas de Cranach ,
Josse Ammon et autres maîtres allemands. Plusieurs
petites Pièces, dont deux très-anciennes et coloriées.
63 pièces.

BOS ( JÉRÔME) et autres , 1498.

213 Le Combat des Titans. Triomphe de Bacchus. Les
Cyclopes , par Corneille Bos. La Femme Adultère ,
et le Jugement de Pâris , par Balthasar Bos , etc.
12 pièces.

LUCAS *de Leyde*, 1494.

214 Loth et ses Filles , 16. Le Couronnement d'Épines,
62. Mars, Vénus et l'Amour, 137. La Petite Lai-
tière , 158 , *une copie*. 5 pièces.

215 David devant Saül , 27 , *faible*. Esther devant As-
suérus , 31 , *très-faible*. Homme et Femme assis ,
148. Le Dentiste , 157. Portrait , 174. Diverses
Copies. En tout 23 pièces.

BEHAM ( HANS SEBALD), 1500.

216 Adam et Ève , 3 et 4 , II<sup>e</sup> État. Id. 5 , id. 6 , III<sup>e</sup>
État. Judith , 11 et 12. Job et ses Amis , 16, avec
le nom de Mariette et l'année 1657. La Vierge , 19,
*belle*. Saint Jacques et saint Philippe , 38. Vénus ,
90. Combat d'Hercule et de Laomedon , 101. Léda,

3.

112. La Dialectique , 122. La Patience , 138 , *très-belle*. L'Infortune, 141, avec le nom de Mariette et l'année 1662. La Mort surprenant une Femme, 149, I<sup>er</sup> État. Femme se lavant les pieds , 207. Vignettes, 236 , *très-belles*. 18 pièces.

BEHAM ( HANS-SEBALD) et autres , 1500 ?

217 Portrait de Ferdinand d'Autriche , et autres Pièces par Aldegraver , Jacques Binck , Georges Pentz , Th. de Bry, etc. 16 pièces.

PENCZ ( GEORGES ), 1500.

218 Suzanne, 26. Didon , 85. Arthémise, 83 ,deux épr. dont une *belle* mais rognée. Le Jugement de Pâris, 89. Achille et Chiron , 90 , *belle*. Diane et Actéon, 91, *belle*. 7 pièces.

219 La Prise de Carthage, 86 , I<sup>er</sup> État , *sans adresse*. Les Triomphes suivant Pétrarque , 117 à 122 ; manque le n° 120 ; *belles épr*. 6 pièces.

ALDEGRAVER ( HENRI ), *né en* 1502.

220 Diverses Pièces , ou suites incomplètes , et le Portrait de Knipperdolling , *orig.* et *copie* , celui de Van Leyden, copie , etc. 39 pièces.

DEUTSCH ( JEAN-RODOLPHE-EMMANUEL ) et autres.

221 Vues et Plans de vignettes , animaux , etc. , gravés sur bois, tirés de la Cosmographie de Munster. 72 pièces.

SUAVIUS ( LAMBERT ), 1510?

222 Jésus-Christ porté au Tombeau. Saint Paul. La Charité. Psyché recevant le vase de Proserpine. Les Vertus , d'après Lambert Lombart. 14 pièces.

SOLIS ( VIRGILE), 1514.

223 Figures de l'Ancien et du Nouveau Testament, gra-

vées sur bois, d'après le dessin de Virgile Solis, imprimé à Francfort, par David Zephelium, Jean Raschen et Sigismond Feherabend, en 1563 ; manque
le titre de l'Ancien Testament; fol. cart. 176 pièces.
HIRSCHVOGEL ( Augustin ) et autres, 1586.

224 Paysages à l'eau-forte, par Hirschvogel, 1546, César-Antoine Accius, 1609 ; J. V. Noordt, 1645 ;
J.-C. Dietzch , 1760 ; J. M. Merter, A. Casembrot,
Van Hagedorn, Jean Ermels, Bonnecroix, etc.
En tout 23 pièces.

HOPFER, 1520 ?

225 Trois pièces par Jérôme, savoir : Saint Hubert,
15. Silène , 28. Satyre, 32. Par David, un panneau d'Arabesques, 98. En tout 4 pièces.

COORNHAERT ( Théodore-Volkart), 1522.

226 Victoires de Charles-Quint , d'après Martin Hemskerke. 12 pièces. Théâtre de la Vie humaine,
d'après le même. 9 pièces. En tout 21 pièces.

PASS (Crispin de ), 1536.

227 Les XXIIII Livres d'Homère , avec figures , par
Crespin de Passe ; les Argumens, par Hillaire, S᷑ de
la Rivière , Rouennais. Utrecht , 1613 ; en tête le
portrait d'Horace et celui de la Rivière , in-4°.
26 pièces.

BRIL ( Mathieu ), 1550.

228 Suite de Paysages en largeur , 1614. 20 pièces.

SADELERS ( Les ), 1550 ?

229 Les trois Maries au tombeau de Jésus-Christ. Dérèglement des Hommes avant le Déluge et à la Venue
de Jésus-Christ. Diane et Actéon. Hercule et Omphale. Divers Portraits , dont ceux de François

Padouan , Spranger et sa femme ; deux épr. ; dont
une avant l'adresse , etc. En tout 18 pièces.

GOLTZIUS (Henri), *né en* 1558.

230 L'Annonciation , la Visitation , etc. Suite de six
pièces dites les chefs-d'œuvre de Goltzius. La Nativité, Ier État, *non décrit.* Le Christ mort sur les
genoux de la Vierge. Suite des Apôtres , Ier État.
Un Porte Drapeau. Pygmalion. Mars et Vénus.
Statues d'Hercule et d'Apollon. Suite des neuf
Muses. Les Compagnons de Cadmus dévorés par le
Serpent. Triomphe de Galathée, d'après Raphaël ,
etc. 79 pièces.

AMMON ( Josse ), 1560 ?

231 Livret d'Art , contenant un grand nombre de figures diverses gravées sur bois, d'après Josse Ammon.
Francfort-sur-le-Mein , 1599 , in-4° en feuilles.
273 pièces.

GHEIN (Jacques de), 1565.

232 Jésus-Christ prêchant à la multitude , d'après
Bloemaert. Diane et Actéon, d'après Th. Bernard.
L'Envie jetant la pomme de discorde dans l'assem-
blée des Dieux , d'après Broeck. Un Bal , gravé
d'après Van Maudère. Plusieurs Figures de militaires , d'après Goltzius. Le Lion couché , *rare.*
14 pièces.

MAIUS (Jean), 1566?

233 Paysages avec les Pélerins d'Émaüs. Huit points de
Vues d'une Villa , gravés à Rome , en 1601. En
tout 9 pièces.

SAENREDAM (Jean ), 1570 ?

234 Histoire d'Adam, suite de six pièces. Histoire d'Élie,

suite de quatre pièces. Judith. Sizara. Suzanne.
Le Repas chez Simon, d'après le tableau de Paul
Véronèse, dans le réfectoire de Saint-Jean et Saint-
Paul, à Venise. Les Vierges sages et les Vierges
folles, suite de cinq pièces, Iᵉʳ État. L'antre de
Platon. La pièce dite le Curé à la Fenêtre. Pâris et
Ænone, d'après C. de Harlem. Vertumne et Pomo-
ne, d'après Bloemaert. Honneurs rendus à Cérès.
Vénus et Bacchus, d'après Goltzius, suite de trois
pièces, etc. 42 pièces.

MATHAN (Jacques), *né en* 1571.

235 Adam et Eve, d'après Goltzius. Abraham renvoyant
Agar, d'après Bloemaert. Suzanne et les Vieillards.
Plusieurs Nativités. L'Enfant Prodigue, d'après
Van Ryck. Saint Jean-Baptiste, d'après Goltzius.
Saint Luc, Iᵉʳ État. Les Sept Péchés capitaux,
d'après Goltzius. Les Amours des Dieux, suite de
quatre pièces. Diverses Allégories, suite de huit
pièces. Les Cuisines et les Marchés, d'après Lon-
gepier, suite de cinq pièces, etc. En tout 37 pièces.

MULLER (Jean), 1580?

136 Loth et ses Filles. Le Repas de Balthasar. Repos en
Égypte. La Cène, d'après Tintoret. Combat entre
Ulysse et Irus, Iᵉʳ État. Minerve donnant des
armes à Persée. Bacchus et Cérès abandonnant
Vénus. La Peinture, la Sculpture et l'Architecture,
*orig. et copie*. Enlèvement d'une Sabine, groupe
vu sous trois aspects. Apollon. Mercure enlevant
Psyché. Hercule tuant l'Hydre. Portraits de Chris-
tian IV, roi de Danemarck, de l'archiduc Albert
d'Autriche et de sa femme, Isabelle-Claire-Eu-
génie, etc. 28 pièces.

GOUDT (Henri, comte de), *né en* 1585.

237 Suite d'Estampes gravées par lui; la Fuite en Égypte est *double,* et la Décollation de saint Jean *manque.* 7 pièces.

VORSTERMAN (Lucas), 1590?

*238 Saint George, d'après Raphaël; *belle épr.*

SCHUT (Corneille), 1590? et autres.

239 Eaux-fortes, par C. Schut, Robert Vanden Auden Aert, Jacques Lutma, Lucas Franchoys; l'Histoire de Suzanne, 8 pièces, par W. Reichus, et la Bataille de Mora, par M. Martini, 1609. En tout 15 pièces.

PONTIUS ( Paul ), 1596? •

*240 Le Christ au Tombeau, d'après Rubens; *belle épr.*

DYCK ( Antoine Van ), 1599.

241 Ecce Homo, *anc. épr.* Portraits de Pierre Breughel et Juste Suterman. 3 pièces.

MIELE ( Jean ), 1599.

242 Le Siége de Maëstricht, 4, et la Prise de Bonn, 6; pièces *très-rares;* il manque à toutes deux la banderole du haut, avec l'explication des lettres. 2 pièces.

VERBEECK ( Philippe ) et HOLLAR, 1599.

243 Homme assis au pied d'une butte, oval en largeur. Buste d'Homme, oval en hauteur. Quatre Têtes, par Hollar. En tout 6 pièces.

SUYDERHOEF ( Jonas ), *né vers* 1600.

244 Le Bal et le Coup de couteau, d'après Van Ostade. Les Quatre Bourgmestres, d'après Keyser, etc. 5 pièces.

BAUR (Jean-Guillaume), 1606.

245 Une Bataille, *très-belle épr.* L'Hiver , par Isaie
Van Velde , *rare ;* les angles du bas sont coupés.

HULSIUS ( Frédéric), 1600 ?

246 Suite des Sibylles , I à X. Figures de Mascarons ,
avec ce titre : *Pourtraicture ingenieuse de plusieurs
façons de masques , fort utile aulx painctres ,
tailleurs de pierres , voirrier, et tailleurs d'images.*
En tout 28 pièces.

BLOEMAERT (Corneille), *né en* 1603.

247 La Vierge et saint Joseph adorant l'Enfant Jésus.
La Vierge soutenant l'Enfant Jésus endormi; deux
épr. *diff.* Le Reniement de saint Pierre. Saint
Jean. Saint Jérôme. Saint Antoine. La Madeleine.
Athalante recevant la Tête du sanglier. L'Avarice.
La Libéralité et Têtes diverses d'hommes et de
femmes, etc. 32 pièces.

248 L'Adoration des Bergers , et saint Luc peignant la
Vierge , d'après Raphaël. Saint Pierre ressuscitant
Thabite , d'après J. F. Barbieri. Sainte Marguerite,
d'après An. Carrache. 4 pièces.

STEEN ( François Vande ), 1604.

249 Jupiter et Io. Enlèvement de Ganimède. L'Amour
taillant son Arc , d'après les tableaux du Corrège ,
dans la galerie de Vienne; *épr. sur papier de la
Chine.* 3 pièces.

REMBRANDT van Rhein, 1606.

250 Tête vue de face, 263 , II<sup>e</sup> État. Abraham , France,
273, III<sup>e</sup> État. Plusieurs Pièces , d'après ce peintre,

par G. F. Smith, Riedel, Bidault, Prenner, etc.
31 pièces.

LIEVENS (JEAN), *né en* 1607.

251 La Vierge et l'Enfant Jésus, 1, III<sup>e</sup> Etat. Un ana-
chorète, 6, II<sup>e</sup> État. Saint Antoine, 8, II<sup>e</sup> État.
Études diverses, 12, 41, 46, 51, 52. Ephraïm
Bonus, 56. Loth et ses Filles, par Vliet, etc. 12
pièces.

HOLLAR (WENCESLAS), 1607.

252 Vénus, Diane, les portraits de Philippe IV, Anne-
Marie d'Autriche sa femme, Thomas Howard, d'a-
près Holbein; la duchesse de Lenox, d'après Van
Dyck, Aretin et Daniel Barbaro, d'après Titien,
Corn. de Wael, d'après Van Dyck, Math. Merian ;
études d'animaux insectes, papillons, paysages. 33
pièces.

253 Suite de Vaisseaux, 1647. 12 pièces.

OSTADE (ADRIEN VAN), 1610.

254 Son œuvre, anciennes épreuves, *manquent* les n<sup>os</sup>
23, 26, 31, 35, 44, 45 et 47; on trouve en place
une copie du n° 28, deux pièces, d'après Ostade,
et l'Abreuvoir à la Vache, par Rembraudt. 47 pièces.

BOTH (JEAN), 1610.

255 Paysages en hauteur, 2 et 3. Paysages en largeur,
6, 7, 8 et 10, épr. modernes. 6 pièces.

VISSCHER (CORNEILLE DE), *né vers* 1610.

256 Le Vendeur de mort aux rats et la Boémienne ; le
le Joueur de violon, d'après Van Ostade; portr. de
Bouma ; Buste de femme, la main sur la poitrine,
d'après Parmesan, 2 épreuves, l'une *avant toutes*

*lettres*, l'autre avec le nom de Visscher seulement,
En tout 8 pièces.

MEYER (Conrad), 1618.

257 Son Portrait, Les OEuvres de Miséricordes, quatre
paysages où se trouvent le bon Samaritain, saint
Nicolas, un Sorcier, la Mort et le Bucheron. 13
pièces.

BÉGA (Corneille), 1620.

258 La Fumeuse, 11, *rognée*. La Vieille tenant une
bouteille, 12, *rognée*. Le Buveur, 16. Autre Buveur, 17. L'Homme à la fenêtre, 19. Le Paysan
amoureux, 25. Deux épreuves, dont une *belle*, mais
*rognée*. En tout 7 pièces.

KYSSEL (Mathieu), 1621.

259 Il Pomo d'Oro, fête théâtrale donnée à Vienne,
pour le mariage de l'empereur Léopold avec Mar-
gueritte de Vienne, par Fr. Sbarra, 1668, pet. in-
fol. cart. avec 25 gr., gravées par Mathieu Kyssel.

Le frontispice est gravé par Melchior Kyssel, en 1667, et
à la fin se trouve une vue générale du théâtre, le jour de
cette représentation, gravée par S. Fr. Geffels.

260 Antiopa Giustificata, drame héroïque pour la naissance de Maximilien-Emanuel, duc de Bavière,
par P. P. Bissari. Munich, 1662, in-4° avec 15 gr.
pl. gr. par Melchior Kyssel.

Le frontispice représente la vue extérieure de l'hippo-
drome construit pour cette fête par l'architecte M. Sobinaegl, et gravé à l'eau-forte par Jean Sobinaegl.

FYT (Jean), 1625.

261 La Suite des Chiens, 9 à 16, I<sup>er</sup> Etat. 8 pièces
*belles*.

POTTER (Paul), et autres, 1625.

262 Le Vacher, 14, IIe Etat. Trois paysages par Ruysdael, 1, 2, 3. Trois études par Pierre de Laer, 3,
7 et 8. En tout 7 pièces.

FLAMEN (Albert), 1630 ?

263 Suite d'oiseaux dédiée à Fouquet, 81 à 92. *belles
épr.* avec marges.

SWANEVELT et autres, 1630.

264 Les Chameaux, 26. Le Bouvier, 27. Deux paysages,
34, 35. Deux paysages, par Genoels, 15 et 16. Diane
et Endymion, par Fr. de Nève, 1 et 4. Jacob et
Rachel, par Blecker, 3. Deux paysages, par Glau-
ber, 10 et 15. Deux par Meyering, 18 et 23. En
tout 13 pièces.

HACKERT et autres.

265 Paysages et Etudes diverses, par J. P. la Hackert ;
Ang. Kauffman, Prestel, Morgenstern, Notnagel,
Marie Ellenvieder, etc. 29 pièces.

VISSCHER (Jean de), *né en* 1636.

266 Le Bal, d'après Berghem. Les Joueurs de tric-trac,
et la Mariée, d'après Van Ostade. Portr. de Ruyter
et de Vander Hulst. Un Nègre tenant un arc, etc.
8 pièces.

267 Paysages et animaux, d'après Berghem. 4 pièces
en larg. *belles.* Vues diverses en largeur, d'après
Van Goyen, 1 à 12. En tout 16 pièces.

GENOELS (Abraham), 1640.

268 Paysages en largeur, 66 et 68. 2 pièces.

VAN VELDE (Adrien), 1640 ?

269 La Bergère et le Berger endormis, 17. *rare.*

GRONSVELT (Jean), 1650 ?

270 Suite de Paysages en largeur, d'après J. Van
Goyen, numérotés dans les hauts de I à VIII. 8
pièces *belles*.

VALCHER (W. V.), 1650 ?

271 Un fou caressant une femme qui se laisse faire. Un
homme bâillant. 2 p. *belles*.

MEYER (Félix), 1653.

272 Son portrait et ceux de ses frères, Dietrich et Ro-
dolphe. Plusieurs suites de petits Paysages. 24
pièces.

SMEES (J.        ), 1660 ?

273 Deux paysages, 1 et 3.

HOUBRAKEN (Jacques), 1698.

274 Portraits de Van Imhoff, Slicher, Gerrit Hooff,
B. de Moor, etc., *avant et avec l. l.* 9 p.

DIETRICH (Christ.-Guill.-Ernest), 1712.

275 La Nativité, deux épr. La Fuite en Egypte. J.-Ch.
guérissant les malades. Plusieurs autres petites compositions et six paysages. En tout 13 pièces.

GESNER (Salomon), 1734.

276 Suite de Paysages dediée à M. Watelet, avec l'a-
dr. de Buldet, à Paris. 10 pièces.

KOBELL (Ferdinand), 1740.

277 Plusieurs petits paysages gravés à l'eau-forte ; il y
en a un de F. N. Kœnig. 12 pièces.

KAUFFMAN (Marie-Angélique), 1742.

278 Sainte Famille, d'après Barroche. Le Mariage de
Sainte Catherine, d'après Corrège. Saint Pierre et
saint Paul, d'après Guido Reni. Vénus et Adonis,

d'après Carrache. Plusieurs études d'après ses propres compositions. 16 pièces.

BARTSCH (ADAM), 1757.

279 Suite de Gravures à l'imitation des dessins de Barbieri, Mazzuoli, Albert Durer, Rembrandt, Brand et Lafage. 43 pièces.

RUSCHEWEGH (FERDINAND), 1800?

280 Suite de figures du Sauveur et des Apôtres, d'après les peintures de Raphaël, dans l'église des saints Vincent et Anastase aux Trois-Fontaines, hors la porte Saint-Paul. Rome, 1827. rel. fol. 13 pièces.

# ÉCOLE FRANÇAISE.

DUVET (JEAN), 1510.

281 Allégorie sur le poison et le contre-poison, 44.

LAULNE (ETIENNE DE), 1520.

282 David coupant la tête à Goliath, et le Martyre de sainte Félicité, d'après Raphaël; l'enlèvement d'Hyppodamie, d'après Rosso; Alexandre faisant serrer les livres d'Homère, et trois autres bas-reliefs, d'après l'Antique. Différens sujets de l'Ancien Testament et de l'histoire ancienne, etc. 28 pièces, *très-belle épr.*

DE LAULNE, BOSSE et autres.

283 Six Batailles et Triomphes, par de Laulne. Les quatre Vertus cardinales, par Bosse, Henri IV, Marie de Médicis, et Marie-Henriette leur fille. Trois petits Portraits attribués à Th. de Leu, etc. 14 pièces.

ANONYMES.

284 Divers ornemens d'orfévrerie et de bijouteries,
épreuves faites à la mai dans le xvi<sup>e</sup> siècle. 66
pièces.

BEATRICET (Nicolas), 1520?
285 Bas-relief de la colonne Trajane, 94. *belle épr.*

BOIVIN (Réné), 1530.
286 Adam et Eve, Sainte Famille, Hercule, d'après
Lucas Penni; Céphale et Procris; plusieurs compositions et figures allégoriques, d'après Rosso et
Lucas Penni. 25 pièces.

287 Livre de la Conquête de la Toison-d'Or, par le
prince Jason de Thessalie. Paris, 1563. La dédicace
et le privilége sont très-curieux. Les figures sont
grav. par Réné Boyvin, d'après Léonard Thyri,
*belles épr.* avec marge.

288 Suite de Bustes avec des coiffures et des vêtemens
grotesques. 14 pièces.

CALLOT (Jacques), 1593.
289 Le Parterre du palais de Nançy, belle épreuve lé-
gèrement endommagée dans le coin du haut, à
droite. La suite des Apôtres, 1631, 16 pièces,
Histoire de Médicis, 14 pièces. Les Caprices, belle
épr. *avant l. l.* et sans marge, 13 p., etc. En tout 51 p.

290 Le Martyre des Apôtres, suite ovale, 12 pièces. Les
mêmes en carré, 15 pièces. Les Martyrs du Japon,
saint Mansuet, etc. En tout 37 pièces.

291 Miracles de l'Annonciade, d'après Mat. Rosselli,
Mascaqui et Ant. Tempesta. Florence, 1619,
I<sup>re</sup> éd., *belles* épr. in 4° vél. bl. 42 pl.

292 La Lumière du Cloître, représentée par figures

emblématiques dessinées et gravées par Jacques
Callot. Paris, 1646, in-4° en feuilles. 27 pièces ;
très-belles épr. avec toute marge.

POUSSIN ( NICOLAS ), 1594.

293 Un Guerrier nu , n'ayant conservé que son casque
et se précipitant sur la pointe de son épée ; dans le
fond, un terme de satyre ; pièce gravée à l'eau-forte
et attribuée à Poussin.

Haut. 11 p. 6 lig., larg. 8 p. 6 lig.; *très-belle.*

STELLA ( JACQUES ), 1594.

294 La Cène ; grande composition gravée sur bois, en
6 pièces.

GUILLAIN ( SIMON ), 1599.

295 Les Cris de Bologne, gravé d'après Ann. Carrache,
sous la conduite du sculpteur Algardi , I<sup>res</sup> épr.
47 pièces.

GELÉE ( CLAUDE ), 1600.

296 Fuite en Égypte, avec les initiales c l av , n° 1
*du catalogue de Rigal.* Un Pâtre et deux Villageoise dansant, 11. Décorations de feu d'artifice.
En tout 4 pièces, belles épr.

SILVESTRE ( ISRAEL ), 1621.

297 Suites de Vues de Paris et de différentes maisons
des environs , ainsi que les Vues de Nancy et de
plusieurs autres villes de France, etc. , épr. *anciennes* et plusieurs *avant* l'adresse de Mariette et
sans n° 1. 69 pièces.

298 Plusieurs suites de Vues de Rome , de villa et des
environs de Venise et autres villes d'Italie , épr.
anciennes , plusieurs sans numéro et avec des différences. 71 pièces.

## COURTOIS ( Jacques ), 1621.

299 Quatre petites Batailles en largeur. 4 pièces.

## PERELLE ( Gabriel ), 1622.

3oo Vues de Rome. 11 pièces.

## NANTEUIL ( Robert ), 163o.

3o1 Le Grand Dauphin, 1677, épr. avant la lettre B à
la suite du millésime, *rognée*. Charles II, duc de
Mantoue. Le Bouthilier, archevêque de Tours.
Malier, évêque de Troyes, *avant* l'année 1667.
Pierre Bouchu, *I<sup>re</sup> épr.*, avec l'année 1669. Louis
Hesselin, 1658, dans la manière de Mellan. Noël
le Boutz, 1671, etc. 9 pièces.

3o2 Portraits des cardinaux Mazarin, 166o; Barberin,
1663; Perefixe, 1665; et la Tour d'Auvergne,
167o. Turenne, 1661 ; Loménie de Brienne, 166o;
Marie Bragelonge, 1656; et le duc de Beaufort.
8 pièces.

## EDELINCK ( Gérard ), 1639.

3o3 Portraits de Champaigne; Desjardins; deux épr.
*différentes* et une copie. Rigaud; Léonard. Statues
de Versailles, dont une gravée par Chauveau.
14 pièces.

## POILLY ( Jean-Baptiste ), 1669.

3o4 Groupes de Figures, peints par P. Mignard, dans
la galerie de Saint-Cloud. 8 pièces.

## MARCENAY (Guy de), 1722.

3o5 Tobie recouvrant la vue. Portraits de Henri, comte
de Berghe, du Tintoret, de Rembrandt, etc.
7 pièces.

4

FLIPART ( Jean-Jacques ), 1723.

*306 Le Paralytique servi par ses enfans, et l'Accordée
de Village, d'après Greuze.

BOISSIEU ( Jean-Jacques de ) 1736.

307 Portrait de de Boissieu, tenant une feuille de papier, sur laquelle est le portrait de sa femme, 1 (*),
I$^{er}$ État ; *rare*.

308 Saint Jérôme, 2, et les Pères dans le Désert, 3.
2 pièces.

309 Les Moines au Chœur, 6. La Soirée Villageoise,
7, *épr. sur papier de Chine*. L'Écrivain public,
8. Les Grands et les Petits Tonneliers, 9 et 23.
5 pièces.

310 L'Ermitage, 11. Intérieur de Ferme, 12 et 13. Le
Maître d'École, 14. 4 pièces.

311 L'Aumône, 16, *épr. sur papier de Chine*. Vieillard
mendiant, 17. Vieillard faisant lire un Enfant, 18.
Enfans jouant avec un Chien, 19. 4 pièces.

312 Fête de Village, 21. Les Petits Charlatans, 22.
Enfans jouant avec des bulles de savon, 25. Le
Peintre, 26. Le Joueur de Vielle, 29. 5 pièces.

313 Passage du *Garillano*, 31. Vues du Temple du
Soleil, 32 ; d'*Acqua pendente*, 33 ; du Temple de
Vesta, 34 ; de la Tour de Metellus, 35 ; du Pont
de *Lucano*, 36. 6 pièces. Les n$^{os}$ 33 et 35 sont de
1$^{er}$ État.

314 Vue de Sainte-Colombe, 39. Chaumière près de

---

(*) Toutes les pièces de cet œuvre sont d'anciennes et belles
épreuves, bien conservées et avec de la marge. Les numéros placés après la désignation des pièces sont ceux du catalogue Rigal.

l'Arbresle, 40 ; et Vue de Saint-Andéole , 41.
3 pièces.

315 Vue des bords de l'Ain , 42 , *l'épr. est tachée* ; du
Château de Madrid , 44 ; de Saint-Romain-sur-Gier,
45 ; de la Route de Fontainebleau à Bourou , 46 ;
de la Forêt de Fontainebleau, 47 ; de la Fontaine de
Choulan , 48 ; et deux autres Vues , 49 et 50.
8 pièces.

316 La Grande Forêt, 55, *sans marge*. Deux Vaches
traversant un gué, 56. Des Hommes transportant
un noyé, 57. La Charette sur un pont, 58. 4 pièces.

317 Divers Paysages , 61 , 63 , 64, 65 , 66 , 70, 71 ,
72 , 73 , 74 ; ces deux derniers tachés d'huile.
10 pièces.

318 Une Anesse et son Anon , 77. Paysage au Chasseur,
78. Une Moulin d'Italie , 81. Les *Petites Laveuses*
et son pendant , 82 et 83. 5 pièces.

319 Etudes de Têtes , 103, 104, avec une marge rap-
portée , 105, 106 , 107 , 109 , le coin du haut à
droite est rapporté , 110, 111, 112 , épr. sur *papier
de Chine*. Portrait d'Homme , 126. 10 pièces.

320 Divers Paysages , d'après Berghem, Asselyn, Ruysdael et Vande Velde , 132, 133, 135, 136, 137, 138,
139. Les Charlatans , d'après Carle du Jardin , 140.
8 pièces.

321 La Famille près de la Cheminée , 7, I^er et II^e État.
L'Écrivain public , 8 , II^e État. Les Grands Tonneliers , 9. Le Maître d'École , 14 ; deux épr., dont
une *ancienne*, mais coupée à gauche. La Leçon de
lecture , I^er et II^e État. Deux Enfans jouant avec
un Chien , 19. Les Petits Charlatans , 22, I^er État.
Le Peintre , 22. En tout 11 pièces.

322 Vue du Temple de Vesta, 34. Tombeau de Cecilia
Metella, 35, I<sup>er</sup> et II<sup>e</sup> État. Entrée d'une Forêt, 72,
I<sup>er</sup> et II<sup>e</sup> État. Vues en Hiver et au Printemps, 73
et 74, I<sup>er</sup> État. Vue d'un Rocher près de la mer,
80, I<sup>er</sup> et II<sup>e</sup> État. Portrait du pape Pie VII, 100.
Une vieille Femme, 106. Paysage, d'après Ruysdael,
137, II<sup>e</sup> État. 12 pièces.

DENON (Vivant), 1748?

323 Seize petites Eaux-Fortes. Dix Lithographies, par
lui. Cinq Études lithographiées, d'après des dessins
de son cabinet. En tout 31 pièces.

PATU ( A. J. ), 1750?

324 Loth et ses Filles. Suzanne et les Vieillards. Repos
en Égypte, etc. 9 pièces.

AUDOIN (Pierre), 1768.

*325 Jupiter et Antiope, d'après Corrège.

DAMAME-DEMARTRAIT, 1770?

326 Différentes Voitures et Traîneaux d'usage en Russie.
8 pièces.

# EAUX-FORTES

## *Gravées par différens Maîtres français.*

327 Diverses compositions par Karle Audran, Brebiette,
Bellange, Mauperché, Perier, Boullongne, Du-
change. 14 pièces.

328 Compositions diverses par Du Perac, Jean le Clerc,
Simon Guillain, Dominique Barière, Fratrel, etc.
22 pièces.

329 Cinq Batailles, par de la Rue. Diverses Études par

J. B. Gloury, Martin le jeune, Reclam Bruandet,
J. M. Gaillot, 1738; Léonard, 1761. En tout
14 pièces.

330 Portrait de lady Bury, par Pouget. Un Paysage,
par mademoiselle Duquesnoy. Adam et Ève, par
Louise de Montigny, f⁰ le Daulceur. Vue d'un
Château fortifié, par le comte de Marsan. Copie à
l'eau-forte du Marchand de mort aux rats, de Vis-
cher, par le comte de Melun, 1716. Paysages et
autres Études, par le baron de Thiers, M. de
Montmirail, le chevalier de Valory, M. de la
Vieuville, M. de Villier et l'abbé de Maroules.
18 pièces.

331 Études gravées à l'eau-forte par Fragonard père,
mademoiselle Gérard, 1778, Taraval, Moreau
jeune, Pérignou et Denon. 10 pièces.

332 Divers Costumes et Paysages, par MM. Bart, Olli-
vier et Le Gros. 18 pièces.

333 Portraits, Caricatures, Paysages, par MM. d'Apin-
court et de Bizemont. 25 pièces.

334 Études diverses, par Lagrenée et Aubourg.
16 pièces.

335 Portraits, Études diverses et Paysages, par Ch.
Guerin, E. Gois et Dunouy. 15 pièces.

336 Diverses Études, par G. Pajot, 1788, E. de
Varrenne, J. Sablet, 1786, D. Boucher, Patu,
Nicole, Duflos, Bidault, Abraham Girardet. 16
pièces.

337 Paysages griffonnis, etc., par Michel Grobon,
Grognard, Arnaud, Antoine Guérard, de la Barthe,
Bellay; trois épr. differentes; le comte de Forbin,

le vicomte de Senone, Bergeret, Duplessis-Bertaux
et Geissler. 15 pièces.

PLACE (F.).

338 Marines diverses et ports de mer, gravés à l'eau-
forte. 6 pièces.

339 Paysages, Études griffonnées, par divers anonymes
modernes. 25 pièces.


## EAUX-FORTES

*Gravées par divers Maîtres d'Angleterre.*

EVELYN (Jean), 1620.

340 Vue intérieure du Cratère du Vésuve. Portrait de
Guillaume Dobson. 2 pièces *très-rares.*

BAILLIE (Guillaume), *né vers* 1736.

341 Daniel condamnant les Vieillards, d'après Eckhout.
Les Pélerins d'Émaüs. Têtes d'Études. 5 pièces.

GROSE (François).

342 Caricatures diverses. 5 pièces.

343 Études d'Animaux, gravées à l'eau-forte par R. Gay-
wood, J. Griffier, Bickman et F. Van Rousshoof.
7 pièces.

344 Paysages gravés à l'eau-forte, par Guill. Baron,
George et Jean Smith de Chichester, 1767, J.
Martin, 1816 et P. Sandby. 15 pièces.

345 La Mère de Famille, d'après Ostade, par J. Douald-
son. Deux Paysages, par A. B. Green et Bickhem.
Portrait d'une jeune Dame. 4 pièces.

346 Trois Vues prises sur la route de Rouen à Paris, par
la duchesse de Ruttland. Deux Vues, par Sara
Green, deux par Delamotte, 1801. En tout 7 pièces.

347 Études de Figures , etc. , par Fr. Hager , Turner et
autres. 5 pièces.
HARVEY ( GUILLAUME ), 1795.
348 Recueil de Vignettes , Lettres grises et Fleurons ,
gravés sur bois , pour un poëme sur le Vin ; très-
jolies épr. venant du cabinet Denon. 38 pièces.

## ESTAMPES DIVERSES.

349 Plusieurs Estampes par divers graveurs italiens et
français.
*Cet article sera divisé.*
350 Plusieurs Estampes par divers graveurs flamands
et français,
*Cet article sera divisé.*
351 Plusieurs Estampes par Bartolozzi et autres.
*Cet article sera divisé.*
352 Diverses Estampes modernes , encadrées et en feuilles , ainsi que quelques Études peintes et plusieurs
bosses.
*Cet article sera divisé.*
353 Estampes gravées au trait, etc.
*Cet article sera divisé.*
354 Huit Figures des Muses , gravées dans le genre du
crayon. Autres Figures académiques, têtes d'Études.
14 pièces.
355 Études anatomiques du Gladiateur Combattant ,
par Salvage. 15 pl.
356 Plusieurs dessins seront divisés sous ce numéro.

## PORTRAITS.

*357 Portrait de Bonaparte dans le jardin de Malmai-
son , d'après Isabey , par Lingée et Godefroy.

358 Divers Portraits, par Édelinck, Nanteuil, Drevet,
Chereau, etc. *Cet article sera divisé.*

359 Portraits de Princes, Savans, Artistes, etc., français et étrangers. *Cet article sera divisé.*

360 Divers Portraits et Pièces topographiques, etc. *Cet
article sera divisé.*

## LIVRES A FIGURES.

361 Recueil de Peintures anciennes, gravées par Paul
Lasinio. Pise, 1820, in-fol. 14 pièces.

362 Musée français, Recueil des plus beaux Tableaux,
Statues et Bas-Reliefs qui existaient au Louvre
avant 1815, avec l'explication et des discours sur
la peinture, la sculpture et la gravure, par Duchesne aîné. Paris, 1828? 4 vol. grand-aigle, dos
de maroq.; *très-bel exemplaire.*

363 Annales du Musée, etc., par Landon, 17 vol. in-8°.—
Idem, seconde collection, partie ancienne, 5 vol.—
Paysages et Tableaux de genre, 4 vol.— Salons de
1808 à 1817, 7 vol. (le t. 11 du Salon de 1808 *bro-
ché*). En tout 32 v. cart. à la Bradel; *bel exemplaire.*

364 Vies et OEuvres des peintres les plus célèbres, par
Landon, in-4°, Raphaël, Michel-Ange, Dominiquin, etc., Poussin et Le Sueur. En tout 16 vol.
cart. à la Bradel; *bel exemplaire.*

365 Voyage à Constantinople et dans le Bosphore, par
Melling. 7 livr., 28 pl.

366 Colonne de la place Vendôme, gravée par Baltard.
*Rare.*

367 Il funerale d'Agostino Caraccio, in Bologna, 1603,
in-4° cart., avec figures, par Guido Reni et Franç.

Bricci; complet et bien conservé; *très-rare.* Voy.
Bartsch, t. XVIII, p. 3o6. 9 pl.

368 Essequie della Saira Cattolica e real maesta di Mar-
gherita d'Austria regina di Spagna da giovanni Alto-
viti. Firenze, 1612, fol. broch. avec fig., par A.
Tempesta et Schiaminozzi, J. Parisi et J. Callot.
28 pl. *Rare.*

369 Esequie del serenissimo Ferdinando II gran duca
di Toscana. Firenze, 1671, 4 cart., 6 gr. pl.
gravée par Falda et Cecchi.

270 Recreationi Amorose de gli academici Gelati di Bologna, in-12, dos de vél.

Cette première édition, donnée à Bologne en 1590, n'é-
tait pas connue de Bartsch. Les devises des académiciens
sont rangées dans un ordre différent; elle ne contient que
celles décrites sous les n°ˢ 231, 232, 233, 234, 235, 245,
246 et 248; ce dernier numéro porte pour devise PER ARTEUS,
au lieu de *Utile Dulci* indiqué par Bartsch. On y trouve de
plus celle du PRONTO (Lelio Testa); deux bras tenant une épée
et une truelle, avec la devise IN VTRUM; celle du TARDO
(sans nom); un arbre isolé dans une forêt, avec la devise
PRAESENS IN TEMPUS.

371 Épistole heroïche poesie del Bruni. Rome, 1727,
in-12 vél. bl., gr. pap.

Cet ouvrage rare vient de la bibliothèque de P. Nicolaï,
de Florence; les figures, au nombre de 24, ne sont pas
les mêmes que celles décrites par Bartsch, t. XVIII, p. 217;
plusieurs sont de Cariolano, d'autres sont marquées G. M.

372 Cento favole morali, dei pio illustri antichi et
moderni autori greci et latini. M. Gio Marco Verdi-
zotti. Venetia Marzo, MDLXX, in-4°, veau br. 113
pl. gravées sur bois; *très-rare.*

373 Heures à l'usaige de Rome, tout du long sans rien
requérir, avec les Figures de la Vie de l'Homme et

la Destruction de Hiérusalem. (Paris, 1514), gr.
in-8°, veau brun sur vélin avec des initiales coloriées et rehaussées d'or.

> Cet exemplaire a appartenu à la famille de Poligny ; il
s'y trouve des mentions de naissance et de décès de 1602 à
1617. La reliure est fatiguée, ainsi que le premier feuillet.

374 Le Trésor de Sapience et Fleur de toute bonté, etc.
Paris, 1539, avec figures gravées sur bois, in-16,
veau fauve.

375 La Morosophie de Guillaume de la Perrière Tolo-
sain, contenant cent Emblêmes moraux, etc.
Lyon, 1553, avec cent figures gravées sur bois. In-18.

376 Description des Médailles antiques, etc., par T. E.
Mionnet. Paris, 1806, 6 vol. in-8°, veau.— Idem,
Supplément, 1809, 3 vol. brochés.— Idem, Re-
cueil de planches, 1808, 1 vol. in-8° veau.

377 De la Rareté et du Prix des Médailles romaines, etc., par T. C. Mionnet. Paris, 1815, 1 vol.
in-8°, veau.

378 Idem, seconde édition. Paris, 1827, 2 vol. in-8°
brochés.

379 Recueil d'opuscules, par Millin.

> Introduction à l'étude des monumens antiques, 1796. —
Des pierres gravées, 1796. — Dissertations sur un disque
d'argent, dit le Bouclier de Scipion. — Description d'un
Camée, les vainqueurs à la course. — Explication d'une
inscription du fils d'Epovedivix. — Lettre à M....., contenant des additions au voyage de Lyon, 1811. — Lettre à
M. Langlès sur le carnaval de Rome, 1812, dos de basane.

380 Idée générale d'une collection complète d'Estampes,
par M. de Heinekin. Leipsig, 1771, in-8°, veau.

381 Les articles omis au présent catalogue seront divisés sous ce numéro.

---

A. Moreau, imprimeur, rue Montmartre, n. 39.